ACADÉMIE DE STRASBOURG.

ACTE PUBLIC

POUR

LE DOCTORAT

PRÉSENTÉ

A LA FACULTÉ DE DROIT DE STRASBOURG,

ET SOUTENU PUBLIQUEMENT

LE SAMEDI 9 JUIN 1855, A MIDI,

PAR

JULES BEYSER,

AVOCAT,

DE STRASBOURG (BAS-RHIN).

STRASBOURG,

IMPRIMERIE DE G. SILBERMANN, PLACE SAINT-THOMAS, 3.

1855.

A LA MÉMOIRE DE MON PÈRE.

A MA MÈRE.

J. BEYSER.

FACULTÉ DE DROIT DE STRASBOURG.

MM. Aubry ✳ . . . . . . doyen et prof. de Droit civil français.
Hepp ✳ . . . . professeur de Droit des gens.
Heimburger . . . . . professeur de Droit romain.
Thieriet ✳ . . . . . professeur de Droit commercial.
Schützenberger ✳ . professeur de Droit administratif.
Rau ✳ . . . . professeur de Droit civil français.
Eschbach . . . . . . professeur de Droit civil français.
Lamache ✳ . . . . . professeur de Droit romain.

Bloechel ✳ . . . . . professeur honoraire.

Destrais . . . . . . professeur suppléant.
Michaux-Bellaire . . professeur suppléant provisoire.
Beudant. . . . . . . professeur suppléant provisoire.

Bécourt, officier de l'Université, secrétaire, agent compt.

MM. Heimburger, président de la thèse.

Thieriet,
Schützenberger,
Rau,   } examinateurs.
Michaux-Bellaire,

La Faculté n'entend approuver ni désapprouver les opinions particulières au candidat.

TABLE DES MATIÈRES.

INTRODUCTION.

Qui benigniores volunt esse, quam res pa-
titur, primum in eo peccant quod injuriosi
sunt in proximos: quas enim copias his et
suppeditari æquius est, et relinqui, eas
transferunt ad alienos (Cicéron, *De Officiis*,
l. I, n° 44).

1. Avant d'aborder le sujet spécial de notre travail, il nous paraît indispensable de circonscrire d'une manière nette et positive le terrain qu'il s'agit d'explorer. Dans la législation, les institutions ne vivent pas isolées; organes d'un même corps, elles se rattachent les unes aux autres, se modifient réciproquement et restent incomplètes quand on les prive de leur entourage.

De tout temps, le droit de propriété, malgré les nombreuses atteintes auxquelles il a été en butte, a su se défendre; tant la vérité est au-dessus du caprice et du jeu des passions! Aussi cette institution, qui touche de si près à l'ordre public, a-t-elle toujours pu s'abriter sous cette pensée empruntée à Sénèque : « que la libre et tranquille puissance des biens que l'on possède est le droit essentiel de tout peuple qui n'est point esclave; que chaque citoyen doit garder sa propriété sans trouble; que cette propriété ne doit jamais recevoir d'atteinte et qu'elle doit être assurée comme la constitution même de l'État[1].»

Mais, tout en admettant ce principe comme inattaquable, la vie sociale, qui ne subsiste qu'au moyen de restrictions apportées à la liberté individuelle et aux droits que l'homme tient de la nature, entraîne avec elle la nécessité de limiter ce droit absolu de la propriété. En fait, le caractère général des lois sur la propriété est d'être restrictives, le droit en lui-même étant antérieur à ces lois et existant sans elles ; au nom de l'utilité générale, le propriétaire voit limiter ses droits, soit en ce qui concerne les dispositions à titre onéreux, soit en ce qui concerne les dispositions à titre gratuit. Nous nous proposons d'étudier celles de ces restrictions qui entravent le droit de dispositions à titre gratuit.

2. Ces restrictions sont de trois sortes et varient selon la qualité des personnes au profit desquelles elles existent ; l'intérêt du propriétaire, celui de ses créanciers, celui de sa famille, apparaissent tout d'abord comme pouvant souffrir de libéralités excessives, et la loi protectrice des intérêts de tous doit veiller à ces trois intérêts ; elle le fait précisément en établissant des restrictions au profit de chacune des personnes intéressées.

Les restrictions dans l'intérêt des créanciers révèlent toujours leur nature par des traits non équivoques ; telles sont celles qu'édictent les art. 444-447 du Code de commerce en matière de faillite ; mais la séparation des deux autres classes est plus délicate et, en ce qui concerne notre travail, plus utile ; l'importance de cette distinction est visible quand l'on se rappelle qu'elle correspond

[1] Sénèque, l. VII, cap. 4 et 5, *De beneficiis*.

à la distinction des statuts réels et personnels. On sait
que les statuts réels, dispositions faites pour régler les
choses, sont applicables à toutes personnes, indépendamment de leur état, par cela seul qu'elles sont en
rapport avec les choses; que les statuts personnels, dispositions faites pour régler l'état et la capacité des personnes, ne sont applicables que par suite de l'état et de
la nationalité de ces personnes; d'où il résulte que celles
des restrictions au droit de disposer à titre gratuit qui
constitueront des statuts réels n'auront d'empire que
sur le territoire français; que celles, au contraire, qui
constitueront des statuts personnels régiront les Français même résidant en pays étranger (Code Nap., art. 3).

Or, une règle invariable peut servir à séparer ces
deux catégories de dispositions. Toute restriction établie
par la loi, sans qu'un tiers y soit intéressé, et dans l'intérêt exclusif du propriétaire, constitue un statut personnel; toute restriction, au contraire, que dicte l'intérêt d'autres personnes constitue un statut réel. En droit,
incapacité et protection sont choses corrélatives, et dès
lors toute limite au droit de disposition que motive l'intérêt seul de celui dont on fixe la position, implique
l'idée de protection, d'incapacité, de statut personnel.
Si, au contraire, la loi n'a en vue que l'intérêt de tierces
personnes, de telle sorte qu'elle devienne inapplicable
si ces tierces personnes font défaut, on ne rencontre
plus cette idée de protection, d'incapacité, mais une
idée plus haute, une idée d'organisation sociale, caractère des statuts réels, qui explique leur application territoriale.

Ces distinctions ressortent visiblement des deux
art. 904 et 913 du Code Napoléon; le premier, eu égard

à la protection qui doit couvrir l'homme dont la raison,
non encore complète, est sujette à des influences dan-
gereuses, déclare que le mineur de seize à vingt et un
ans ne peut donner par testament que moitié de ce dont
pourrait disposer un majeur, et cela encore que personne ne puisse avoir de légitimes espérances sur la fortune ainsi protégée. L'art. 913, prenant l'homme dans
l'état de développement complet de sa raison, limite ses
droits ou les laisse intacts, non plus eu égard à la position personnelle du propriétaire, mais selon que certaines personnes existent ou n'existent pas. Ce sont les
restrictions de cette dernière espèce, établies au profit
de la famille, qui constituent ce que l'on convient d'appeler la théorie de l'indisponibilité, distincte de la théorie des incapacités. Il y a entre ces deux séries de limites
toutes les différences d'application qui séparent les statuts réels et personnels; et, tout en limitant nos études
sur l'indisponibilité, nous aurons souvent à parler de
l'incapacité, toutes deux constituant des restrictions au
droit de disposer, mais dans des conditions d'où résulte
un caractère bien nettement séparé.

3. On comprend combien d'intérêts sont engagés dans
les questions d'indisponibilité. L'histoire de la quotité
disponible est l'histoire de la lutte entre le principe du
droit de famille et le principe de la liberté individuelle,
entre les exigences de la vie en société et les prétentions
de l'individualité. Quand, vivant sur la place publique,
le citoyen voyait son existence entière se passer en exer-
cices communs, qu'importait la famille? Mais avec le
temps, quand, par l'agglomération, la vie de chacun fut
assiégée par mille hasards et devint presque une lutte de
chaque jour, un refuge, un abri fut regardé comme né-

cessaire. La société domestique eut besoin, pour être
indépendante, d'avoir son patrimoine comme la société
politique; à côté des rapports moraux devaient surgir
dans la famille les rapports réels. Comme propriétaire,
le chef de famille dut conserver l'intégralité de son droit
de disposition; comme père, ses droits durent se con-
certer avec le devoir qui lui est imposé de songer à l'a-
venir de ceux qui lui doivent le jour; c'est le cumul,
chez le chef de famille, de ces deux qualités de propriétaire et de père qui explique ce fractionnement
du patrimoine en deux parts : la part disponible, aux
mains du propriétaire; la part réservée, aux mains du
père.

On comprend quelles variations dans la législation,
sur ce point, durent suivre les vicissitudes du plus ou
moins d'ascendant que les mœurs donnèrent à l'idée de
famille ou à l'idée d'individualité; il fallait une raison
législative déjà exercée pour discerner dans la personne
du chef de famille ces deux qualités de propriétaire et
de père, et en satisfaire les exigences par une transaction. Aussi rien de plus variable que les institutions que
signale l'histoire sur ce point. On peut dire, sans crainte
d'être taxé d'exagération, que pas une époque, pas un
peuple, ne purent se soustraire à cette idée, quoique
inhabiles à la réaliser; il suffirait presque de cette généralité de l'idée de réserve pour se prononcer sur sa légitimité. Sauf la loi romaine, qui déclarait en principe
que la disposition à titre gratuit était de l'essence du
droit de propriété : « *Uti legassit paterfamilias super pecunia tutelave suæ rei, ita jus esto,* » et qui ne tarda pas
à revenir sur ce droit inique, comme nous le verrons
plus loin en détail, toutes les nations civilisées de l'an-

tiquité avaient établi à ce point de vue des restrictions au droit de propriété.

La loi mosaïque reconnaissait au père un droit de propriété très-restreint et se bornait à la libre disposition des acquêts; quand Jacob fait le partage de sa fortune entre ses enfants, il s'excuse auprès d'eux de l'avantage qu'il a fait à Joseph, en leur rappelant les bienfaits dont ce fils tendre l'a comblé, et en leur disant que les biens dont il les prive ne proviennent pas de ses ancêtres, mais du fruit de ses travaux[1].

Dans la république d'Athènes, le père de famille ne pouvait faire de testament que dans le cas où il mourrait sans enfants mâles : « *Si nullos superstites habeant liberos masculos*[2]; » s'il laissait des enfants mâles légitimes, il n'avait la disposition d'aucun des biens, si ce n'est d'une très-minime portion appelée νοθεια, qu'il pouvait donner aux bâtards, νοθοι. Quant aux filles, elles avaient aussi une apparence de réserve, en ce que les héritiers, que le défunt privé d'enfants mâles était alors libre de choisir, devaient les épouser; dans ce cas, l'institution testamentaire ne valait que conditionnellement et tombait si les institués n'épousaient pas les filles du testateur. Ces cas exceptés, les lois de Solon permettaient au père de famille de choisir son héritier, mais c'était par une innovation contraire aux anciennes lois athéniennes, qui voulaient qu'en toute circonstance la famille du défunt recueillît seule l'hérédité.

Les Barbares, se fondant sur le droit naturel, ignoraient l'usage des testaments et interdisaient au père de famille de disposer de ses biens sans le consentement

<hr>

[1] Genèse, l. XVIII.
[2] Samuel Petit, *Leg. Att.*, l. VI, t. VI.

de ses héritiers ; tels les Germains : « *Apud quos heredes successoresque sui unicuique liberi et nullum testamentum. Si liberi non sunt, proximus gradus in successione fratres, patrui, avunculi[1].* »

Ce ne fut que plus tard que ces lois barbares, subissant l'influence du droit romain, comprirent l'avantage du testament et permirent une espèce de donation d'hérédité. Un texte de la loi salique nous a transmis les formalités usitées pour investir de cette donation l'héritier qu'on se choisissait : « *Ipsum quem heredem deputavit, quem heredem appellavit.* » Les restrictions au droit de disposer de cette manière, nulles, « *si quis procreationem filiorum aut filiarum non habuerit[2],* » étaient, au contraire, sans limite contre celui « *qui filium legitimum habuerit, et alium quemlibet heredem sibi facere voluerit, coram comite,* etc.[3] »

Même idée, sinon mêmes moyens d'application, dans le régime des Coutumes. Nous n'en citerons que quelques-unes pour exemple. « Personne âgée de vingt ans accomplis peut donner la tierce partie de son héritage et biens immeubles, soit conquêts, acquêts ou propres[4]. » Même règle pour les testaments : « Le testateur ayant enfants ou descendants d'eux habiles à lui succéder lors de son décès, ne peut disposer de ses meubles par testament plus avant que d'un tiers, sur lequel tiers sont portés les frais des funérailles et les legs testamentaires[5]. »

« Toute personne qui est pourvue de sens peut donner le tiers de son héritage à autres personnes qu'à ses hoirs,

[1] Tacite, *De more Germ.*
[2] Loi Ripuaire, t. 50.
[3] Capit. 40, anno 803, n° 7.
[4] Cout. de Normandie, art. 434, 322.
[5] Cout. de Normandie, art. 429.

au cas qu'ils ne le feraient par fraude contre leurs hoirs[1].»

La Coutume de Paris, dans son dernier état, réservait à l'héritier légimitaire la moitié de ce qu'il aurait eu s'il eût succédé *ab intestat;* la même proportion a été admise dans le Code autrichien et autres législations modernes; la législation anglaise, par exemple.

Les législations de l'Orient, elles-mêmes, révèlent les mêmes tendances.

Le chef de famille est un administrateur et non un maître; ainsi, chez les Indiens, la communauté subsiste après la mort du père, sous la direction du fils aîné, et ne cesse que dans le cas où tous les enfants consentent au partage; aussi les biens héréditaires ne peuvent-ils être aliénés sans le consentement de la famille, et l'égalité la plus stricte doit-elle être gardée dans le partage fait entre les enfants. Quant aux biens acquêts, le père de famille peut les donner à des étrangers ou les partager inégalement entre ses enfants, pourvu qu'il existe des motifs légitimes. On peut voir, sur ce point, les recherches aussi nombreuses que curieuses que Gans a réunies dans le premier volume de sa célèbre histoire du droit de succession. On y trouvera, par exemple, que les sectaires de Confucius, les Chinois, défendent au père de famille de disposer à titre gratuit, et ne lui concèdent que le droit de partage; que les mahométans, fidèles à la loi du Coran, n'admettent aucun ordre de succession, l'affection de famille étant chez eux un sentiment qui s'étend avec la même force sur tous les parents, quel que soit leur degré, et alors tous les parents, descendants, ascendants, frères, concourront à la succession.

[1] Cout. de Bretagne, art. 42.

4. Bref, dans toutes ces législations, les biens héréditaires sont, en partie au moins, frappés d'inaliénabi-
lité au profit des successeurs présomptifs; la raison justifie, du reste, cette tendance générale et la pose comme
dogme de philosophie du droit. Les sentiments imprimés
dans le cœur de l'homme lui créent l'impérieux devoir
de vouer son existence au bonheur de ses enfants, de
leur sacrifier sa vie, et d'assurer leur sort, en leur trans-
mettant ses biens au moment où il les laissera seuls sur
la terre. Les liens du sang, qui unissent et qui constituent les familles, sont formés par les sentiments d'affection que la nature a mis dans le cœur des parents,
sentiments d'affection qui, dans les rapports réels de
la famille, se traduisent par les droits de succession,
sous peine de rester vagues et abstraits; et il appartient
à la loi de régler la famille réelle sur le modèle de la
famille morale. « *Parentes ad bona liberorum ratio mi-
serationis admittit, liberos natura simùl et parentum
commune votum* [1]. »

On s'étonne presque de rencontrer des auteurs niant
l'énergie et la force de ces principes. Montesquieu, dans
l'*Esprit des lois,* ne semble pas les admettre: « La loi naturelle, dit-il, ordonne aux pères de nourrir leurs enfants, mais elle n'oblige pas de les faire héritiers; le
partage des biens, les lois sur le partage, les successions
après la mort de celui qui a eu ce partage, tout cela ne
peut avoir été réglé que par la société et, par conséquent,
par des lois politiques ou civiles [2]. » Cette opinion de
Montesquieu divisa les rédacteurs du Code; les uns,
comme Malleville, se servirent de cette autorité pour

---

[1] L. 7, ff., *Si tabulæ testamenti nullæ extabunt.*
[2] *Esprit des lois*, XXVI, ch. 6.

justifier l'ancienne inégalité entre les aînés et les cadets ;
d'autres, comme Tronchet, prétendirent que la loi naturelle voulait que celui qui a donné le jour à un enfant
lui laissât aussi ses biens. La pensée de Tronchet était
celle-ci : l'homme est né pour la société, qui est son état
normal, naturel ; toute tendance innée en lui et concourant à la conservation de la société, émane par cela
même du droit naturel.

Les principes de Montesquieu, admis par le conseil
d'État, ne sont-ils pas la négation de cette vérité : qu'entre
les parents et les enfants il y a une solidarité dont l'inef-
façable caractère est un des plus beaux apanages de la
race humaine[1] ; et la raison n'est-elle pas plus satisfaite
quand elle lit dans Toullier, par exemple : « La nature
leur dit qu'ils sont obligés de conserver au moins une
dartie de leurs biens aux enfants qui leur doivent le
jour. C'est cette portion sacrée que la loi détermine. Ils
doivent accomplir les devoirs que la paternité leur impose ; l'obligation de laisser une portion de leurs biens
à leurs enfants est au nombre de ces devoirs dont la loi
ne doit, dans aucun cas, autoriser la violation, et le
droit des enfants sur les biens de leurs père et mère est
un droit naturel[2]. »

5. Quoi qu'il en soit, et en laissant de côté cette question de savoir si l'idée de réserve a sa source dans la loi,
ou s'impose à elle comme lui étant supérieure, il est
impossible, et sur ce point tous sont d'accord, de nier
l'utilité pratique des restrictions apportées dans ce but à
l'autorité du père de famille. Voici comment Bigot de
Préameneu indiquait l'esprit de nos lois sur cette ma-

____

[1] Lerminier, *Philosophie du droit*, p. 90.
[2] Toullier, t V, n° 99.

tière : « Il faut que la volonté ou le droit de quelques individus cède ici à la nécessité de maintenir l'ordre social, qui ne peut subsister s'il y a incertitude dans la transmission d'une partie du patrimoine des pères et mères à leurs enfants. Il est sans doute à présumer que chacun, en suivant son affection, ferait de sa fortune la répartition la plus convenable au bonheur de sa famille et aux droits naturels de ses héritiers les plus proches, et que cette affection serait encore moins sujette à s'égarer dans le cœur de celui qui laisserait une postérité. Mais, lors même que la loi a cette confiance, elle doit prévoir qu'il est des abus inséparables de la faiblesse et des passions humaines, et qu'il est des devoirs dont elle ne peut, en aucun cas, autoriser la violation. Les pères et mères qui ont donné l'existence naturelle ne peuvent avoir la liberté de faire arbitrairement perdre sous un autre rapport l'existence civile ; et, s'ils doivent rester libres dans l'exercice de leur droit de propriété, ils doivent aussi remplir les devoirs que la paternité leur a imposés envers leurs enfants et envers la société. » Ces considérations ont guidé le législateur dans la tâche difficile qu'il avait à remplir : investir, d'un côté, le père de famille d'un droit de propriété qui lui permît d'être le chef dans sa famille, de récompenser l'un, de punir l'autre, d'encourager celui qui se porte au bien, de donner des consolations à celui qui éprouve les disgrâces de la nature ou les revers de la fortune, de se laisser guider par la justice et la sagesse dans l'emploi de son patrimoine ; car, comme le dit Portalis : « l'intérêt qui divise si souvent les hommes doit être mis à profit, quand on le peut, pour les rapprocher et pour les unir » ; instituer, d'un autre côté, des bornes à cette puissance, pour mettre les enfants à l'abri des effets qui pourraient résulter des nombreuses séductions auxquelles est exposé le père de famille; séductions de toute espèce qui s'attaquent au cœur honnête comme à l'homme dépravé, aux faibles caractères comme aux âmes les plus fortement trempées, et qui souvent changeraient l'exercice d'une magistrature domestique en spoliations scandaleuses et en préférences désavouées par l'opinion publique. Aussi la loi a-t-elle posée des bornes aux libéralités des pères de famille, en réservant aux enfants, sous le titre de légitime, une certaine quotité des biens de leurs ascendants; le partage de la succession paternelle en deux portions, dont l'une appartient aux enfants par droit naturel, tandis que l'autre est laissée à la disposition du père pour l'aider dans l'exercice de sa puissance par l'attrait des récompenses et la crainte des exhérédations, nous paraît devoir remplir le but que nous avons indiqué précédemment et satisfaire les exigences de la société, tant comme société que comme protectrice de chacun de ses membres. C'est là le vrai caractère de la science du droit: «la science de la direction des choses humaines au point de vue du juste et de l'injuste [1].»

[1] Oudot, *Philosophie*, p. 11.

DROIT ROMAIN.

De la légitime.

6. A Rome, la constitution de la famille fut toujours intimement liée aux institutions politiques, et l'on retrouve dans son organisation l'influence de ces luttes perpétuelles du patriciat et de la plèbe qui dominent l'histoire romaine. L'histoire de la légitime en reflète les vicissitudes. Dans le principe, ces deux éléments opposés, le patriciat et la plèbe, se partagent la société romaine; le premier, maître absolu, jouissant d'une souveraineté des plus entières; l'autre, esclave, se révoltant sans cesse et parvenant, après de nombreux efforts, à briser le joug qui l'opprime.

Cette omnipotence, dont le citoyen romain se faisait gloire, passe de bonne heure dans la sphère privée; la famille fut annihilée devant son chef : *« omnia manu gubernabantur*[1],» nous dit Pomponius, en parlant de l'état social du premier âge de Rome; la puissance guerrière du *paterfamilias* pesa sur la femme et les enfants de cette femme, et l'origine de cette puissance, se perdant

[1] L. 2, ff. 1, *De origine juris.*

dans la nuit des temps, sera plus tard attribuée, par Ulpien, à l'influence des mœurs: « *nam cum potestatis jus moribus sit receptum* [1].» Dans un pareil état, l'idée d'un droit reconnu aux enfants eût été une contradiction et ne pouvait exister. Deux causes nous paraissent avoir donné naissance au mouvement qui, plus tard, aboutira à la constatation légale du droit de la famille, à la restriction des droits du père : l'importance politique et privée donnée aux *sacra privata;* les idées nouvelles que le roi citoyen de Rome, Servius Tullius, fit dominer dans la constitution nouvelle de la cité.

Ces *sacra privata*, ces dieux lares que chaque Romain possédait dans l'intérieur de sa demeure, faisaient partie de la famille et ne disparaissaient qu'avec elle. Abandonner les dieux lares était un crime que le Romain ne pouvait imaginer; aussi, mourir intestat était pour lui l'une des plus cruelles injures. Pour éviter cette interruption des *sacra*, sorte de catastrophe domestique, le génie romain imagina cette fiction, par suite de laquelle la mort du chef fut regardée comme un événement sans valeur sur l'état réel de la famille, les enfants continuant la personne, la puissance, le domaine du père : « *et statim morte parentis quasi continuatio domini* [2];» ils conserveront les *sacra privata* dont la loi veut la perpétuité: «*sacra privata perpetua memento* [3].» Pendant la vie du chef de famille, les enfants ne sont rien; la gloire, comme la fortune que peuvent attirer leurs actions, appartiennent à ce chef tout-puissant: «*coronam virtute partam et ei qui peperisset et ejus parenti sine fraude*

---

[1] L. 6, ff., *De his qui sui vel alieni juris.*
[2] *Inst.*, III, t. III.
[3] Cic., *De legibus*, II, 19.

esse lex impositam jubet.[1] » Cette continuation fictive du père par les enfants est un moyen de continuer les *sacra,* lorsque le chef n'y a pas veillé lui-même : c'est une sorte de palliatif à un oubli ; mais, souverain chez lui, le chef de famille peut conférer à qui que ce soit ce droit de continuer sa personne ; il dicte la loi à sa famille et dispose librement de son patrimoine ; le testament qu'il fait est un acte souverain, revêtu de la solennité de la loi même. Aussi, à cette première époque, l'hérédité testamentaire est préférée à l'hérédité légitime, le droit individuel de l'homme au droit collectif de la famille. Il existe, il est vrai, une espèce de réserve, en ce qu'il faut une loi, un testament fait, *calatis comitiis,* une assemblée de la nation pour autoriser cette disposition, dont le caractère presque anormal est ainsi constaté ; mais elle est tout entière au profit de l'État, il faudra du temps pour que de cette réserve politique on arrive à la réserve au profit des enfants. Cet élément de la constitution de la famille, ces *sacra* prendront, avec Servius Tullius, un caractère nouveau : leur importance augmentera comme celle de la fortune ; l'établissement du cens, la division du peuple en six classes, la création des comices par centuries et de l'ordre des chevaliers apportèrent de grands changements dans la constitution publique. L'influence donnée à la fortune par les innovations de Servius Tullius dut empêcher les pères de famille, dans leur propre intérêt, de déshériter la famille ; dans la lutte, on a dû s'attacher à perpétuer l'influence que donnait cette fortune. L'omnipotence, si chère au patriciat, dut céder devant les exigences politiques, dès que la fortune fonda une aristocratie nou-

[2] Cic., *De legibus*, II, 24.

velle, contrebalançant l'aristocratie de caste et de naissance. Il suffirait, pour légitimer cette remarque, de
rappeler la satire d'Horace qui ridiculise ce culte de
l'argent à Rome, à propos de ce Romain qui donne
ordre à ses héritiers de graver sur sa tombe la fortune
qu'il laissait[1].

Ces faits expliquent les premières modifications apportées à l'ancien droit romain, et font comprendre l'o-
rigine des nombreuses lois qui ont été rendues pour
arriver à la création de la légitime; ces lois, que nous
étudierons succinctement, nous montreront les efforts
incessants des jurisconsultes pour expliquer le droit
primitif et le faire concorder avec les innovations nombreuses réclamées par le droit naturel et civil. Il est à
remarquer, du reste, que les lois relatives à ce sujet
n'apparaissent que longtemps après les causes auxquelles
nous croyons devoir les attacher; Servius, en effet, ins-
tituait les centuries en l'an 176 de Rome, et les premières entraves au droit de disposer du père, la loi *furia testamentaria*, n'apparaît qu'en 571 de Rome. Nous
croyons cependant qu'il faut rattacher l'idée de légitime aux causes que nous indiquons; et que, si ces
causes n'agirent pas immédiatement, c'est que l'antique
respect des Romains pour la famille faisait que le droit
de tester, apanage dont le citoyen se montrait fier, ne
portait pas atteinte aux espérances des enfants, l'institution étant faite à leur profit. La nécessité de restreindre
l'autorité paternelle n'apparaît qu'au moment où cette
autorité cacha des abus, au moment où l'humeur des
pères, les incriminations des marâtres produisirent des
exhérédations honteuses; en un mot, lorsque d'autres

[1] *Sat.*, II, 3, 84, Horace.

passions vinrent compromettre des droits que les intérêts politiques avaient sauvegardé jusqu'alors. Aussi,
plus les mœurs antiques de Rome changèrent, plus le
luxe, le goût des arts firent de progrès, plus la hardiesse
des innovateurs augmenta.

C'est sous l'empire de ces idées qu'apparaissent les
différentes dispositions qui ont droit à la légitime; leur
lente succession, les détours que furent obligés d'inven-
ter leurs auteurs, tel sera l'objet de notre premier chapitre.

La deuxième partie contiendra l'exposé de la théorie
définitive du droit romain, théorie qu'il a léguée à notre
ancienne législation.

CHAPITRE PREMIER.

ORIGINES ET VICISSITUDES DES LOIS SUR LA LÉGITIME.

7. En rapprochant les deux époques extrêmes de la législation romaine, celle des Douze Tables et celle de Justinien, l'on aperçoit vite quel travail dut se faire dans l'in-
tervalle, pour, sans rien abroger ni violer, arriver à une
règle si diamétralement opposée au point de départ;
dans la loi des Douze Tables, l'omnipotence du père exclut toute idée de droit chez les enfants. Sous Justinien,
les enfants ont sur le patrimoine de la famille un droit
fixe et soustrait à toute volonté.

8. Avant les Douze Tables, nous ne trouvons rien
qui ait rapport à notre sujet. Il régnait alors un droit
obscur, incertain, mystérieux, soumis à l'influence ja-
louse des pontifes et des patriciens; un seul recueil de
lois, fait par Sext. Papirius, nous donne quelques fragments de cette législation. Les auteurs nous apprennent

qu'après l'expulsion des rois, ces lois avaient perdu leur autorité, et qu'elles ne concernaient d'ailleurs que les objets de culte, le droit particulier restant plongé dans les ténèbres. Le seul renseignement que nous offre cette époque, c'est la cause de cette constitution de la famille romaine, si caractéristique, que Gaius pense à dire : « *Fere nulli sunt homines qui talem in filios suos habeant potestatem qualem nos habemus*[1]. »

La famille romaine a commencé par la servitude; les quirites acquirent par la lance leur territoire et leurs compagnes; les femmes étaient un butin, les enfants en étaient le produit. De là le droit absolu du *paterfamilias*.

9. Abandonnons cette législation obscure, arrivons aux lois des Douze Tables.

Au point de vue de la constitution de la famille, elles ne font guère que constater l'état de choses antérieur et reconnaître cette puissance paternelle aussi absolue que terrible. Le père a le droit de vie et de mort sur ses enfants; le droit de vendre trois fois les fils, une fois les filles et les petits-enfants. « *Quum patri lex regia dederit in filium vitæ necisque potestatem*[2]. »

En ce qui concerne le patrimoine, le père a droit de disposition sans limites : « *Uti legassit super pecunia tutelave suæ rei, ita jus esto* » (tab. 5)[3]. Despote pendant sa vie, il l'est encore après sa mort; son testament est sacré; il peut passer ses enfants sous silence et n'est pas obligé de les exhéréder; il peut instituer qui il veut; le droit du

---

[1] *C.* 1, 55, 55.

[2] Papinianus, *De adulteriis*, extrait de la *Collatio leg. mosaic. et rom.*, tit. IV, § 8. Voir *Textes antijust.*, Blondeau, t. II, p. 417; Gaius, *C.* 1, § 132 et 4, § 79.

[3] Ulpien, ff., *Regul.*, XI, § 44; Gaius, *C.* 2, § 224.

citoyen l'emporte sur le droit de la famille. Et cependant, singulière bizarrerie! ce droit romain qui sacrifiait ainsi le droit des enfants inventa l'expression la plus ingénieuse pour caractériser le droit de ces mêmes enfants, l'expression de *suus heres*, héritiers d'eux-mêmes. Le jurisconsulte Paul semble relever cette contradiction entre l'idée et le mot dans la loi 11, ff., *De liberis et posthumis*, quand il dit: «*In suis heredibus evidentius apparet continuationem dominii eo rem perducere, ut nulla videatur hereditas fuisse, quasi olim hi domini essent, qui etiam vivo patre, quodam modo domini esse existimabantur.... Hac ex causâ licet non sunt instituti heredes, tamen domini sunt,* NEC OBSTAT QUOD LICET EOS EXHEREDARE QUOS ET OCCIDERE LICET.» N'y a-t-il pas contradiction entre la fin et le commencement de ce passage, qui part de l'idée de copropriété pour arriver à reconnaître l'omnipotence d'un des copropriétaires? c'est, du reste, ce *condominium familiæ*, si bien caractérisé par Paul, que les prudents mettront à contribution pour justifier l'institution qui servit de transition entre les Douze Tables et le dernier droit; ce fut le moyen de créer l'individualité des enfants, d'empêcher leur absorption par le chef de famille, de créer, en un mot, la légitime.

10. Ce simple énoncé nous fait comprendre les nombreux détours qu'ont dû employer les prudents pour lénifier ce droit absolu et rappeler au père de famille qu'il se doit à sa famille.

Nous allons avoir à parler ici d'un grand nombre d'institutions; plusieurs, par la spécialité de leur sujet, n'ont qu'indirectement trait à notre matière, nous ne ferons que les mentionner; et nous n'appuierons que suî celles qui nous conduiront à l'objet spécial de notre travail.

Les lois que nous allons rencontrer peuvent se classer en deux catégories : les unes édictant des restrictions générales, les autres des restrictions spéciales; les premières formulées indépendamment de la qualité du disposant et applicables à tous indistinctement, les secondes formulées par suite de la position spéciale des personnes des droits desquelles on s'occupe.

SECTION Ire.

RESTRICTIONS GÉNÉRALES AU DROIT DE DISPOSER A TITRE GRATUIT.

§ 1er. *Restrictions contre les dispositions testamentaires.*

11. L'importance primitive des testaments, la suprématie des institutions d'héritier sur les dévolutions de biens *ab intestat*, expliquent pourquoi les restrictions au droit de disposer apparaissent d'abord au profit des héritiers institués. Ces restrictions n'ont pas toujours le caractère de la réserve. La loi Falcidie, qui les résume toutes, ne se préoccupe que de l'importance du testament, et cherche un moyen d'assurer son exécution. Quant aux droits des héritiers du sang, elle les laisse dans l'état où ils étaient avant elle. Cette loi joue cependant un rôle important dans l'histoire de la légitime; d'abord elle assure une réserve à la famille lorsque les institués sont les parents du testateur, et, de plus, elle servira plus tard de modèle à la légitime proprement dite.

L'établissement de la quarte Falcidie fut la première limite efficace à la liberté de disposer. Il arrivait très-souvent qu'à cause des charges qui grevaient l'institution,

le défunt mourait intestat, les héritiers institués se refusant à faire adition pour un profit nul ou presque nul.
Une série de lois, dont les principales furent les lois
Furia et *Voconia*, avaient en vain essayé de remédier
aux inconvénients que présentait l'ancien état de choses.
Gaïus nous fait connaître les dispositions de la première
de ces lois, la loi *Furia testamentaria*, plébiscite rendu
vers 571 de Rome: «*Itaque lata est lex Furia, quâ exceptis personis quibusdam, cœteris plus mille assibus, legatorum nomine mortisve causa capere, permissum non est.*»
Elle limitait donc la valeur de chaque disposition; elle in-
terdisait aux citoyens la faculté de faire des legs ou donations à cause de mort, de la valeur de plus de mille as,
sauf exception en faveur des parents jusqu'au sixième
degré; et, sans faire tomber la disposition excessive,
prononçait une peine du quadruple contre celui qui
avait reçu plus que ne permettait la loi [1].

« *Sed hæc lex non perfecit quod voluit,*» ajoute Gaius;
car le disposant multipliait ses legs ou donations à l'infini et ne laissait à ses institués qu'une quotité illusoire.
Une disposition particulière de la loi *Voconia* 585 de
Rome, sur le caractère politique de laquelle nous insisterons plus tard [2], chercha à remédier à l'inconvénient que
laissait subsister la loi *Furia;* elle défendit de léguer à
personne plus qu'il ne reste aux institués.

« *Lata est lex Voconia, quâ cautum est, necui plus
legatorum nomine mortisve causa capere liceret, quam
heredes caperent* [3].» Cette disposition présentait un vice,
sinon semblable, au moins analogue, ajoutait le juris-

---

[1] Ulp., *Fragm.*, § 2, *De legibus;* Gaius, *C.* 2, § 225, *C.* 4, § 23.
[2] Ci-dessous, n° 26.
[3] Gaius, *C.* 2, § 226.

consulte, car rien n'empêchait le testateur de multiplier tellement le nombre des legs que chacun n'eut plus qu'une portion des plus minimes, à laquelle pouvait ainsi être réduit l'héritier du sang. Les lois faites pour empêcher la division des fortunes produisirent donc un effet tout opposé à celui qu'elles avaient en vue. Ce ne fut qu'un siècle après ces lois impuissantes que fut portée, en 714, la loi Falcidie. Cette dernière ne limite pas chaque legs séparément, mais la masse générale des legs; les valeurs qu'elle permet de léguer peuvent être laissées à un seul légataire ou distribuées entre plusieurs, au gré du testateur, pourvu que les legs n'excèdent pas les trois quarts de l'hérédité. On comprend facilement l'importance de cette loi si l'on réfléchit que l'héritier continue seul la personne du défunt, que de son acceptation dépend l'existence de tous les legs; l'intérêt public et privé demandent à ce que l'institution d'héritier subsistât par l'acceptation. Le trésor public y gagnait, et le testateur n'avait pas le déshonneur de mourir *ab intestat.*

12. Cette loi, applicable d'abord aux seules dispositions testamentaires, se vit, dans la suite, étendue aux fidéicommis par les sénatus-consultes Pegasien et Trébellien (année 815), et donna une sorte de réserve aux grevés contre les fidéicommissaires, comme la loi Falcidie l'avait donnée aux institués contre les légataires. Nous ne saurions trop rappeler que ces différentes restrictions n'étaient établies qu'au profit des héritiers testamentaires; le père restait libre de passer sous silence dans son testament un ou plusieurs enfants.

13. Au temps de Cicéron, nous voyons apparaître une innovation bien plus radicale et surtout se rapportant

bien plus directement au respect que méritent les intérêts de la famille. « *Quæsitum est de jure civili, possit
ne exheres esset filius, quem pater testamento, neque heredem, neque exheredem scripsisset nominatim*[1] ? »

Un testament ne fut plus valide qu'autant que les enfants du testateur fussent nommés, soit pour être institués, soit pour être exhérédés. L'exhérédation pour les
fils devait être spéciale et nominative; à l'égard des filles,
petits-fils, elle pouvait être collective; on voulait forcer
de cette manière le testateur à se rappeler qu'il avait des
enfants et à prononcer avec réflexion sur leur mérite ou
leur démérite. Mais l'exhérédation expresse était, comme
l'exhérédation tacite, un acte encore inviolable, émanant de la puissance paternelle; le testament qui la contenait restait la suprême loi; les enfants exhérédés devaient respectueusement subir leur sort. Bientôt apparut
en leur faveur une garantie nouvelle, la plainte d'inofficiosité.

On voit la lenteur de toutes ces innovations, et combien difficilement on parvint à empêcher que la fortune
du père de famille ne passât tout entière en des mains
étrangères. Les prudents trouvèrent un secours dans les
idées de copropriété de la famille dont nous avons parlé
plus haut[2]. Ils avaient imaginé d'abord l'exhérédation;
la nécessité, pour pouvoir donner à d'autres, de détruire préalablement le droit des enfants; de là l'obligation pour le *paterfamilias* d'instituer ou d'exhéréder ses
enfants. Ils avaient pensé qu'il suffirait de forcer le père
à songer formellement à ses enfants, en le contraignant
à les nommer dans son testament, pour qu'il hésitât à

[1] Cic., *De orat*, I, 38.
[2] Ci-dessus, n° 9.

· les flétrir par une exclusion formelle, surtout dans une législation où les fils acquéraient pour leur père.

14. Mais le rappel aux idées de justice suffit rarement contre l'abus existant, et cette première mesure avait besoin d'être complétée; les prudents continuèrent leur œuvre et donnèrent à leur pensée une forme plus obligatoire en permettant d'attaquer l'exhérédation, quand des raisons plausibles ne la justifiaient pas; c'est la plainte d'inofficiosité.

Quelques auteurs attribuent l'institution de la plainte à une loi *Glitia*, sur l'existence et la date de laquelle planent les doutes les plus complets, et que l'on ne connaît guère que par l'intitulé de la loi 4, ff., *De inofficioso testamento*. Mais, outre que rien de positif n'existe à cet égard, le caractère de la plainte exclut l'idée d'une origine législative; elle constitue une fiction, une induction, qui indique plus que suffisamment l'intervention des prudents: On suppose que le chef de famille qui, sans motifs légitimes, avait exhérédé les siens et avait de cette manière violé les liens du sang, n'avait pas toute sa raison. D'ailleurs, plusieurs textes attestent l'origine que nous indiquons pour cette action: c'est d'abord la loi 8, ff., *De inofficioso testam.*, où on la compare toujours à la Falcidie, ce que l'on ne ferait pas si elle eût eu une existence législative particulière, et ce qui se comprend si on la regarde comme une application faite par les prudents de cette même loi Falcidie. C'est ensuite la loi 31, *C. de inoffic.*, où on l'appelle la Falcidie, de même que dans la Nov. 92, emprunt de nom qui exclut l'idée d'une nature positive et explique encore une fois une induction par analogie, et non une création nouvelle. Attribuée à cette origine indirecte, il n'est pas étonnant que sa date ne puisse pas être positivement indiquée ; on sait seulement que cette institution existait au commencement de l'empire, car Cicéron en parle dans ses plaidoyers[1] (Cic., *In Verrem*, I, 42).

Cette plainte était portée devant les juges, qui, lorsqu'ils la trouvaient fondée, cassaient le testament ; la succession retournait alors aux héritiers du sang. Une barrière était donc posée devant l'absolue volonté du père ; l'inofficiosité protégeait le droit de famille contre la souveraineté du citoyen.

Mais là n'est pas encore l'institution de la légitime. Les héritiers ont tout ou rien ; tout, s'ils sont institués ou si, ayant été exhérédés, ils réussissent sur leur plainte ; rien, dans l'hypothèse opposée. La loi ne soustrait pas encore une partie des biens au droit de disposition, mais, par le droit de plainte contre le testament inofficieux, elle prévient dans le père de famille les écarts d'une volonté arbitraire, en réprime un exercice abusif en brisant l'exhérédation et le testament lui-même. Le tribunal, en connaissant de cette plainte, représente la souveraineté du peuple appelée à juger la souveraineté individuelle. Comme, dans le principe, les comices admettaient le testament lorsqu'il se faisait *calatis comitiis*, les centumvirs apprécieront la conduite du fils deshérité, condamneront le père sous prétexte qu'il n'était pas sain d'esprit ; mais, en réalité, parce qu'il a manqué à un devoir sacré que le seul respect des anciennes traditions empêche d'invoquer directement.

« Hoc colore inofficioso testamento agitur quasi non sanœ mentis fuerunt, ut testamentum ordinarent. Et

---

[1] Voir sur cette question Ricard, *Donations*, 3e part., n° 836 ; Pasquier, *Recherches*, t. II, p. 567 ; Pothier, *Pandectes*, l. V, t. II.

*hoc dicitur, non quasi vere furiosus vel demens testatus
sit: Sed recte quidem fecit testamentum, sed non ex offi-
cio pietatis. Nam si vere furiosus esset vel demens, nullum esset testamentum*[1].»

15. Il n'y avait qu'un pas de cet état de choses à la
création définitive et complète de la légitime. Les prudents n'en n'avaient pas formellement parlé d'abord;
mais en édictant les conditions sous lesquelles la plainte
d'inofficiosité pourrait être intentée, en refusant cette
action aux héritiers du sang qui auraient reçu une certaine part des biens paternels, ils arrivèrent enfin au
dernier résultat désiré, à n'annihiler ni les droits du
père, ni ceux de la famille, entre lesquels on avait opté
jusque-là, mais qu'on n'avait pas encore pu accorder.
Le père, pour éviter la rupture de son testament, devra
donner aux enfants institués le quart de l'hérédité.
*« Quarta portio liberis deducto œre alieno et funeris im-
pensa, præstanda est, ut ab inofficiosi querelâ excluduntur*[2].» Tout à l'heure, en étudiant les innovations dues
aux Constitutions impériales, nous verrons à quel titre
ce quart a dû successivement être laissé aux héritiers
du sang; ajoutons seulement que ceux-ci sont protégés
même contre leur volonté, et que par leur consentement
ils ne peuvent valider les dispositions abusives du père,
et cette disposition prouve l'impérieuse nécessité des
mesures dont nous parlons. *« Non est enim consentien-
dum parentibus, qui injuriam adversus liberos suos testamento inducunt; quod plerumque faciunt maligne circa
sanguinem suum, inferentes judicium novercalibus de-
linimentis, instigationibus corruptis*[3].»

[1] L. 2, ff., *De inoff. test.*
[2] Paul, *Sentent.*, IV, 5, § 6.
[3] L. 4, ff., *De inoff. test.*

16. Voilà le droit des héritiers légitimes reconnu : la puissance paternelle, ébranlée par la nécessité de l'exhérédation, directement atteinte par la *querela inofficiosi testamenti*, ramenée enfin dans de justes limites par l'établissement de la quarte légitime.

§ 2. *Restrictions contre les donations.*

17. Tout ce que nous venons de dire à propos des dispositions testamentaires est applicable aux donations à cause de mort, sur le caractère et la nature desquelles nous n'avons pas à insister ici. Des restrictions furent édictées contre elles comme contre les legs, d'abord au profit des héritiers institués, et les principes restèrent les mêmes pour les deux classes de dispositions que rattachent tant de signes communs, quand les moyens inventés pour sauvegarder les droits des héritiers testamentaires furent utilisés par les prudents dans l'intérêt des héritiers du sang. Ainsi la loi *Furia*, en défendant de donner plus de mille as, ajoute: *legatorum nomine mortisve causà* (Gaius, *C.* 2, § 225); la loi Voconia n'était pas moins formelle (Gaius, *C.* 2, § 226); la loi Falcidie, enfin, fut toujours regardée comme ne distinguant sous aucun rapport ces deux genres de dispositions [1].

Il suffisait d'ailleurs, pour montrer que, sur ce point, nous n'avons rien à ajouter au § précédent, de rappeler cette loi célèbre, à laquelle aucune exception n'existe en ce qui concerne notre sujet: « *Illud generaliter meminisse oportebit donationes mortis causa factas legatis comparatas, quodcumque igitur in legatis juris est, id in mortis causa donationibus erit accipiendum* [2]. »

---

[1] L. 8, § 5, ff., *De inoff. test.*; l. 27 et 42, ff., *De mortis causà donat.*
[2] L. 37, ff., *De mortis causà donat.*

18. Mais les règles sont loin d'être les mêmes en ce qui concerne les donations entre vifs ; contrairement à nos principes modernes qui protégent les droits de la famille avec la même efficacité contre toutes les libéralités, le droit romain fut bien longtemps à admettre des restrictions positives contre les donations entre vifs, et même quand ces restrictions furent connues, elles n'eurent pas le caractère de limites portées au droit de tester.

Sous le droit des Douze Tables, les donations étaient assujetties aux règles générales de l'aliénation des choses, et ne subissaient dès lors aucune limite de quotité. La faculté de tester était un droit presque politique, comme le prouve le testament *calatis comitiis*, et n'était nullement une conséquence du droit de propriété ; il suffit, pour s'en convaincre, de lire le titre des *Institutes « Quibus licet facere testamentum. »* Droit politique, il peut donc être l'objet de restrictions dues à des considérations politiques. Les donations, au contraire, ne furent, au moins à l'origine, que l'exercice même du droit de propriété, ne différèrent d'une vente que par le motif spécial à chaque cause d'aliénation ; dès lors, elles restèrent complétement libres, jusqu'aux Constitutions impériales.

19. Cependant, en 530 de Rome, la loi *Cincia* vint instituer quelque chose d'analogue, au moins à des restrictions de disponible, à l'occasion des donations. Prise dans ses dispositions, indépendamment de ses motifs, cette loi limitait le droit de la puissance paternelle. Les Fragments du Vatican, sans nous donner des renseignements complets sur cette loi, nous apprennent cependant que certaines personnes n'étaient pas soumises à ses dispositions ; c'étaient les parents jusqu'au sixième degré,

et ceux qui se trouvaient sous leur puissance : les alliés au premier degré, les fiancés, le tuteur disposant au profit de son pupille, l'affranchi disposant au profit de son patron ou de ses enfants[1].

Il ressort doublement de cette loi, et par la restriction qu'elle édicte, et par les personnes qu'elle excepte, qu'elle tendait à sauvegarder les légitimes espérances de la famille contre les donations faites à des étrangers. Laissons de côté le taux qu'elle défendait aux donations de dépasser; quelques-uns pensent que ce fut celui qu'établissait la loi *Cornelia* (an de Rome 673) pour les cautionnements; d'autres celui de la loi *Furia testamentaria* (an de Rome 571); l'incertitude sur ce point ne disparaîtra probablement jamais, et d'ailleurs la question de chiffre est secondaire ici. Cette loi avait une sanction imparfaite : « *Imperfecta lex... Veluti Cincia quæ supra certum modum donari prohibet, exceptis quibusdam cognatis et si plus donatum sit, non rescindit*[2]. »

La donation n'était pas nulle *ipso jure*, mais était seulement susceptible d'être attaquée par un droit de répétition, si elle avait été exécutée, ou par une exception, si elle ne l'avait pas encore été; cette répétition ou exception semblait donner satisfaction à des droits tellement légitimes que, déclarée populaire, tout citoyen pouvait en user : « *Etiam quivis quasi popularis sit exceptio*[3]. » Mais, d'un autre côté, la mort du disposant éteignait cette action, et la disposition, cessant d'être regardée comme donation, était à tous égards assimilée à une disposition à cause de mort[4].

---

[1] *Fragm. Vatic.*, §§ 266, 298, 299, 300, 301, 302.
[2] Ulp., *Fragm.*, § 1, *De legibus.*
[3] *Fragm. Vatic,*, §§ 266, 294.
[4] *Fragm. Vatic.*, §§ 294, 312.

Cette dernière disposition est digne de remarque, et suffit, je crois, pour montrer que cette loi *Cincia*, malgré son caractère apparent, avait de tous autres motifs que le désir de donner satisfaction aux droits de la famille contre la volonté du père restée trop puissante. Nous pensons, en adoptant, sur ce point, les idées de M. Laferrière[1], que cette loi ne touchait au droit privé qu'indirectement, et que, prise sous son véritable jour, elle était une loi de l'ordre politique. Trois raisons nous paraissent justifier cette proposition. D'abord, c'est ce caractère d'action quasi publique[2]; si la loi n'eût eu en vue que l'intérêt de la famille, n'eût-il pas suffi de donner l'action aux membres de la famille? En second lieu, c'est le changement qu'opérait la mort du donateur dans le caractère de l'action; cette action ne passait pas aux héritiers, la persévérance de volonté dérimait l'exception : « *Et doli replicatione perimit*[3]. » L'intérêt de la famille, si c'était lui qu'on avait en vue, n'exigeait-il pas une règle diamétralement opposée? En troisième lieu, la loi *Cincia* ne s'appliquait pas quand la donation portait sur des biens situés dans les provinces[4]. L'intérêt de la famille, s'il eût dicté cette loi, eût-il admis cette distinction des différents éléments du patrimoine? Ces trois remarques laissent bien entrevoir qu'il devait y avoir d'autres motifs à cette loi, et même que l'intérêt de la famille n'était que secondaire, puisque le mode de restriction établi laisse souvent cet intérêt sans défense. D'ailleurs, cette restriction au droit de disposer à titre gratuit ne formait qu'un des chefs de

[1] *Histoire du droit civil de Rome*, t. I, p. 469.
[2] *Fragm. Vatic.*, § **266**.
[3] *Vatic., Fragm.*, §§ **294**, **312**.
[4] *Fragm. Vatic.*, § **293**.

la loi; le premier chef, dans lequel on peut trouver l'explication des trois observations présentées ci-dessus, prohibait les présents des clients aux patrons et aux avocats. Tite-Live indique d'un mot la raison tout entière de cette loi : «*Quid legem Cinciam de donis et muneribus, nisi quia vectigalis jam et stipendiara plebes esse senatus caperat*[1]; » et Cicéron[2] confirme cette remarque : « *Ut Cincius quo die legem de donis et muneribus tulit, quum Cento prodiisset et satis coutuméliose, quid fers, Cinciale? quæsisset; ut emas, inquit, Caï, si uti velis.* »

Le but avoué de la loi était donc, avant tout, de soustraire les clients aux exigences du patriciat; et si elle se maintint, quand le patronage politique s'affaiblit, ce fut comme barrière contre les exigences des avocats. L'histoire signale, dans le cours de l'empire, des retours à l'ancienne sévérité de la loi *Cincia;* Pline[3] félicite Trajan d'avoir voulu la remettre en vigueur.

Ces motifs politiques, qui avaient dicté le premier chef de la loi, se retrouvent dans le second. A l'époque de cette loi, la lutte était dans toute sa force entre le patriciat et la démocratie. Un des moyens qu'employait le patriciat pour conserver son influence, était, d'augmenter, au moyen de dons, la fortune d'hommes serviles dévoués à ses intérêts, pour les faire passer dans une des classes où l'opposition était à craindre; empêcher cette manœuvre était d'intérêt public; de là le caractère public reconnu à l'action de la loi *Cincia*. Cette influence politique, exercée par la fortune, n'était plus à craindre quand celui qui avait acheté des dévouements n'existait

---

[1] *Tite-Live*, XXXIV, 4.
[2] Cicéron, *L. de Oratore*, II, 71.
[3] *Epistola V*.

plus ; de là l'extinction de l'action par la mort du donateur. Les terres des provinces ne figuraient pas dans le
cens des citoyens[1] ; de là l'inapplication de la loi *Cincia*
aux terres des provinces.

20. Cette loi, qui n'atteignait ainsi qu'indirectement
et d'une manière incomplète les libéralités, peut à peine
compter dans l'histoire des origines de la légitime romaine. En ce qui concerne les donations, les Constitutions impériales seules établirent une théorie sérieuse ,
en créant la *querela inofficiosarum donationum*.

SECTION II.

RESTRICTIONS AU DROIT DE DISPOSER A TITRE GRATUIT SPÉCIALES A CERTAINES PERSONNES.

21. Indépendamment des règles générales, certains
héritiers avaient, par suite des rapports qui les unissent
au disposant, des droits particuliers ; nous allons les
parcourir rapidement.

§ 1er. *Quarte Antonine.*

22. Les enfants en puissance pouvaient tous être
adoptés, sans distinction d'âge ni de sexe. L'adrogation,
au contraire, n'a pas toujours été possible à l'égard de
toute personne *sui juris*. Nécessitant en forme un vote
des comices, après l'interrogation de l'adoptant, de l'a-
dopté et du peuple, elle ne pouvait s'appliquer, à l'époque
où cette solennité était sérieuse, qu'aux citoyens ayant
accès aux comices ; or, les femmes et les impubères en
étaient exclus. Une Constitution d'Antonin le Pieux per-

---

[1] Cicéron, *Pro Flacco*, cap. 30.

mit cependant l'adrogation des impubères; mais cette adrogation fut entourée de précautions particulières qu'expliquent les intérêts pécuniaires engagés dans cet acte qui, en même temps qu'il crée la *patria potestas*, est un moyen d'acquisition *per universitatem*[1]. Ainsi, indépendamment de l'examen que l'on fait ordinairement, examen qui porte sur les motifs de l'adoption, sur l'âge de l'adoptant, etc., on examine spécialement si c'est une affection honnête qui fait agir l'adrogeant, quelle est la conduite et la réputation de cet adrogeant, quelle est sa fortune et celle du pupille comparée à la sienne; en un mot, si l'adrogation est honorable et avantageuse au pupille : «*an honesta sit expediatque pupillo*[2].» Si l'adrogé est pubère, sa propre appréciation le mettra en garde contre des dangers possibles; mais la loi accordait une protection spéciale à celui «*quem propter œtatem se defendere nequit*[3].» On veut, d'une part, que l'adrogeant ou ses héritiers ne profitent jamais de l'adrogation au préjudice de l'adrogé ou de sa famille, et, d'autre part, que l'adrogé ne soit pas frustré sans motif des avantages qu'il devait espérer. L'adrogé apportant dans la famille de l'adrogeant tous ses biens, l'on ne voulait pas qu'il les perdît; or, ici plusieurs cas pouvaient se présenter : 1° le pupille pouvait mourir avant sa puberté; 2° il pouvait être émancipé ou déshérité avec un juste motif; 3° il pouvait être émancipé ou déshérité sans motif; 4° il pouvait atteindre la puberté sans aucun de ces événements[4]. La loi prévoyait ces différentes hypothèses et cherchait

---

[1] L. 15, ff., *De adoptionibus*.

[2] *Inst.*, § 3, *De adoptionibus*.

[3] L. 1, ff., *De tutelis*.

[4] LL. 8, 20, 22, ff, *De adoptionibus*.

dans chacune à sauvegarder les intérêts de l'impubère adrogé. Dans le premier cas, les biens seront restitués par l'adrogeant aux personnes qui, à défaut de l'adrogation, les auraient recueillis dans la succession de l'adrogé ; dans le second cas, les biens lui seront rendus ; dans le troisième cas, les biens lui seront rendus, plus le quart des biens de l'adrogeant, parce que ce dernier n'avait dû se faire un jeu de l'adrogation en émancipant sans motif ; l'adrogeant était dès lors privé du droit de disposer de cette portion ainsi réservée. Ce quart, qu'on appelle *quarte Antonine*, parce qu'Antonin est l'auteur de ces dispositions[1], appartenait aussi aux adrogés déshérités ; alors on ne distingue pas s'ils ont ou non mérité l'exhérédation. En effet, si l'adrogeant a des sujets de plainte contre l'adrogé, il peut en profiter pour l'émanciper, sans différer à le punir dans un acte de dernière volonté. Dans le quatrième cas, l'adrogé pouvait réclamer contre son adrogation, et, s'il prouvait qu'elle lui était défavorable, il était émancipé et reprenait tous ses droits.

« *Et si pubes factus non expediri sibi in potestatem ejus redigi probaverat, æquum est emancipari eum a patre adoptivo atque ita pristinum jus recuperare*[2]. »

§ 2. *Quarte Sabinienne.*

23. On sait que, depuis Justinien, dans le but d'éviter que l'adopté ne perde à la fois la succession de son père naturel et celle de son père adoptif, si celui-ci l'émancipe, l'adoption laissa subsister la puissance paternelle chez le père naturel et les droits qui en découlent, sauf quand l'adoption est faite par un ascendant de l'adopté,

[1] Gaius, *C.* 1, § 102.
[2] L. 33, ff., *De adoptionibus.*

son affection présumée étant un garant contre ce danger[1]. Depuis cette nouvelle disposition, l'adopté, lorsque l'adoption est faite par un étranger, n'a plus sur la succession du père adoptif que le droit de succession *ab intestat*, sans pouvoir, s'il y a un testament, intenter la plainte d'inofficiosité[2].

Ces innovations de Justinien firent disparaître, dans un cas au moins, les effets d'un ancien sénatus-consulte : le sénatus-consulte Sabinien, qui créait une quarte spéciale pour un cas particulier d'adoption. Ayant trois enfants mâles, j'en donne un en adoption ; cette adoption s'appelle *ex tribus maribus*. L'adoptant, dans ce cas, sera forcé de laisser à l'adopté le quart de ses propres biens ; s'il ne lui laisse ce quart, le sénatus-consulte donne une action à l'adopté pour en poursuivre la délivrance contre les héritiers de l'adoptant. L'intention de ce sénatus-consulte était de mettre l'enfant adopté entre trois mâles à l'abri des événements qui, après lui avoir fait perdre les droits de succession dans sa famille naturelle, pourraient lui faire perdre les mêmes droits dans sa famille adoptive, s'il était renvoyé ou exhérédé. Or, comme, depuis Justinien, ce danger n'est plus à craindre quand l'adoption est faite par un étranger, puisqu'alors les droits dans la famille naturelle subsistent, le sénatus-consulte ne resta plus applicable qu'aux cas où l'adoption continua à produire ses anciens effets, c'est-à-dire quand elle fut faite par un ascendant de l'adopté. Ce sénatus-consulte nous est du reste peu connu ; sa date, d'après Haubold[3], se placerait entre 914 et 922,

[1] *C.*, L. 10, § 1, *de adoptionibus.*
[2] *C.*, L. 10, § 1, *de adoptionibus.*
[3] *Tabulas chronologicas*, *tab. IV.*

sous Marc-Aurèle. Mais qu'avait de particulier cette adoption *ex tribus maribus* pour avoir amené une règle particulière. C'est ce que n'indique nullement le seul texte connu parlant de ce sénatus-consulte, la loi 10, § 3, au *C. de adoptionibus*, reproduite au § 14 des *Inst. de hereditatibus quæ ab intestato deferuntur.*

§ 3. *Droit des patrons et de l'émancipateur.*

24. La loi des Douze Tables respectait dans les affranchis le droit absolu de tester; les patrons ou leurs descendants ne venaient à l'hérédité légitime des affranchis qu'à défaut d'héritiers nécessaires et d'héritiers siens[1]; les préteurs, en accordant la possession *contra tubulas* contre les testaments des affranchis pour moitié lorsque l'institué n'était pas enfant du testateur, forcèrent ces derniers à ne jamais omettre leurs patrons dans leurs testaments et à leur donner toujours la moitié au moins de la succession, moitié qui était même accordée au patron quand l'affranchi décédait *ab intestat.*

La loi *Pappia Poppea*, sous Auguste, vint encore ajouter au droit prétorien; elle donna au patron et à la patronne une part virile dans l'hérédité des affranchis qui laissaient moins de trois enfants et une fortune de 100,000 sesterces. « *Si tres reliquerat, repellebatur patronus; si pauciores quam tres liberos, virilis pars patrono*[2]. »

Justinien, dans le cas de succession testamentaire, conserve le système antérieur, en changeant seulement les chiffres d'après lesquels se réglaient les droits du patron. Si le testateur est *minor centenaris,* le patron

[1] Gaius, *C.* 3, § 40.
[2] Gaius, *C.* 3, § 42; *Inst.*, III, 72.

doit respecter la volonté de l'affranchi ; s'il est *major centenaris*, le patron pourra se plaindre comme autrefois : «*toties ad bonorum possessionem contra tabulas invitatur patronus quoties non est heres ex debita portione institutus*[1].» Seulement cette *portio debita*, qui était de moitié sous les lois caducaires, n'est plus ici que du tiers des biens de l'affranchi. Dans le cas de succession *ab intestat*, Justinien n'accorde plus aux patrons de droit particulier ; il leur assigne seulement le quatrième ordre de succession après les enfants et descendants de l'affranchi, ses frères et sœurs et ses ascendants[2].

Tous ces droits n'étaient du reste reconnus aux patrons que sous réserve de renonciation qu'ils pouvaient y faire ; contrairement à ce que nous avons vu à propos de la légitime ordinaire (ci-dessus, n° 15), le patron pouvait vendre ses droits de succession pour de l'argent ou des services, et se trouvait lié par cette espèce de contrat[3].

Toutes ces règles ne sont applicables qu'en dehors des dispositions que vint créer la loi *Junia Norbana*, en protégeant radicalement les patrons contre l'éventualité de testament de la part de certains affranchis. Les désastres de la guerre civile, le luxe toujours croissant, forçaient Rome à spéculer sur la liberté comme sur la servitude de ses esclaves. Bientôt la loi *Junia Norbana*, rendue sous Tibère, privera certains affranchis du droit de tester, fera revenir leurs biens dans les mains des pa-

---

[1] L. 3, § 10, ff., *De bonis libertorum.*

[2] *Const.* 3, *C. de bonis libertorum.*

[3] L. 2, *C. de bono possess. contra tabulas liberti*; l. 37, ff., *De bonis libertorum.*

trons à titre de pécule, et on verra surgir à Rome des classes d'affranchis, connues sous le nom de *Latins Juniens*, qui réuniront dans leur personne les deux conditions contradictoires de vivre libres et de mourir esclaves[1].

25. Il est presque inutile d'ajouter que les droits de l'émancipateur suivirent les mêmes phases que le droit des patrons. Leur position, d'après les principes généraux, était identique : « *quia perinde defert prœtor bonorum possessionem, atque si ex servitute manumissus esset*[2] ; » sauf, bien entendu, les distinctions entre l'émancipation *contracta vel non contracta fiducia*, qui attribuait le droit de patronage, tantôt au père, tantôt à l'*emptor extraneus*[3], distinction qui n'exista plus sous Justinien, les émancipations étant toujours censées faites *contracta fiducia*[4].

§ 4. *Position spéciale des femmes.*

26. Dans l'origine, les femmes pouvaient être gratifiées de dons et de legs et même se voir instituées héritières par le testament de leur mari ; elles pouvaient aussi recevoir de parents ou même d'étrangers des legs et des institutions testamentaires. Des désordres graves étant résultés dans la famille, une première prohibition eut lieu, prohibition des donations entre époux, dont le but fut d'assurer à chaque époux son patrimoine contre sa propre faiblesse et la cupidité de son conjoint ; elle paraît s'être établie vers la fin de la république, à l'époque

---

[1] Gaius, *C.* 1, § 12-17.
[2] L. 1, § 2, ff., *Si a parente quis manumissus fuerit.*
[3] Gaius, *C.* 1, §§ 165, 166.
[4] *C.* 6, *de emancip. liber.*

où les divorces se multiplièrent à l'infini, et le luxe et la dépense se répandirent dans toutes les classes. Il est constant qu'elle n'existait pas encore en 550, puisque la loi *Cincia*, portée à cette époque, mentionne les époux parmi les personnes exceptées des restrictions qu'elle apporte[1]. Son but principal fut d'empêcher qu'un époux cupide n'abusât de la faiblesse de son conjoint pour le dépouiller de ses biens et le répudier ensuite. « *Ne mutuo amore invicem spoliarentur, donationibus non temperantes, sed profusa erga se facilitate... ne concordia pretio conciliari videretur, neve melior in paupertatem incideret, deterior ditior foret* [2].» Au surplus, il s'agit ici de restrictions dans l'intérêt des personnes dont on limite les droits, ce qui sort de notre sujet, puisque nous cherchons au contraire les restrictions dans l'intérêt de la famille [3].

27. Mais quelque chose de plus spécial à notre matière apparaît avec la loi *Voconia* (an de Rome 585). Il n'entre pas dans le cadre de cette revue sommaire d'expliquer les circonstances politiques qui amenèrent cette loi célèbre et en ont fait un des monuments les plus curieux de l'histoire romaine [4]; nous voulons seulement indiquer les conséquences positives qu'elle entraîna sur le droit de disposition du propriétaire.

La raison principale qui la dicta, fut la crainte de voir se multiplier les interversions dans la fortune des citoyens; on comprend ces craintes sous une constitution qui, faisant dépendre les droits politiques du cens,

---

[1] *Vatic. Fragm.*, §§ 298, 302.

[2] L. 1, l. 3, ff., *De don. inter vir. et ux.*

[3] Voir sur ce chapitre: Pellat, *Textes sur la dot* , p. 356.

[4] Voir sur ce point: Montesquieu, *Esprit des lois* , ch. 27.

eût vu par là les idées que pouvait faire vivre la domi-
nation de certaines familles, cesser de rester bien dessi-
nées; la transmission des fortunes par les femmes qui les
portaient dans les familles étrangères devait sous ce rapport attirer d'abord l'attention ; de là cette loi *Voconia*,
dont la pensée appartient à Caton le Censeur, et qui
avait le double but d'éviter les interversions de classe et
de fortifier l'autorité maritale, en empêchant les femmes
de recevoir des donations trop considérables.

Nous avons déjà parlé d'une des dispositions de cette
loi, celle qui, toujours sous l'empire des mêmes préoccupations, limitait les legs, sans distinction du sexe du légataire, à une portion égale à celle qui restait à l'héritier [1]. Dans ses rapports avec ce qu'avait de particulier la
position des femmes, cette loi avait deux chefs bien dis-
tincts. D'abord elle prohibait l'institution d'héritier au
profit de toute femme, mais seulement lorsque le disposant appartenait à la première des classes établies par
Servius Tullius : « *Mulier, ab eo qui centum mille asses
census est, per legem Voconiam heres institui non potest* [2], » Et cette prohibition est tellement absolue que
dans ce cas une fille unique n'aurait pas même pu être
instituée par son père [3]. Par une seconde disposition,
relative non plus aux institutions d'héritier, mais aux
legs, cette loi défendait de léguer à une femme plus
qu'une portion déterminée; lors toujours que le disposant appartenait à la première classe du cens. Cette portion déterminée, sur la qualité de laquelle il y a doute,

[1] Ci-dessus, n° 11.
[2] Gaius, *C.* 2, § 274.
[3] Cicéron, *In Verrem*, I, 42.

que M. Laferrière pense avoir été du quart des biens [1], pouvait cependant, par opposition à ce qui se passait pour les institutions d'héritier, être dépassée au profit de la fille unique du disposant, auquel cas il n'y avait pas de limite [2].

On sent combien ces dispositions, quoique n'entravant les libéralités qu'au détriment des femmes, devaient exercer d'influence sur la situation de fortune des familles. On pense qu'elles furent les causes de l'augmentation des fidéicommis, qui, n'y étant pas soumis, offraient un moyen légal d'éluder la loi *Voconia*; c'est en ce sens que Gaius, après avoir indiqué l'incapacité dont la loi *Voconia* frappait la femme, ajoute : « *tamen fideicommisso relictam sibi hereditatem capere potest* [3]. » La vogue même dont finirent par jouir les fidéicommis, détermina le fisc à reconnaître la légitimité de cet heureux détour: « *non intelligitur fraudem legi fecisse qui rogatus et palam restituere* [4]. »

C'était en effet dans une peine pécuniaire que résidait toute la sanction de cette loi *Voconia*, comme dans tous les cas où on fraudait la loi.

28. Remarquons, avant de quitter toute cette série de dispositions particulières, qu'il peut arriver que le patrimoine entier se trouve soustrait au droit de disposition à titre gratuit par suite du cumul de différentes positions donnant droit soit à une légitime, soit à une quarte.

Il est en effet essentiel de noter que les droits dont

[1] *Histoire du droit civil de Rome*, p. 234.
[2] Cic., *De republ.*, III, 7.
[3] *C.* 2, § 276.
[4] L. 3, ff., *De jure fisci.*

nous venons de parler sont attachés à une qualité que ne peut changer l'existence d'autres qualités également privilégiées. Si nous ne craignions pas un anachronisme, nous ferions ressortir la différence de forme qui sépare le texte romain de l'art. 913 du C. Napoléon. L'art. 913 fixe le disponible sans s'occuper de la réserve, la loi romaine, au contraire, fixe les droits attachés à certaines qualités, et dès lors, quand ces qualités concourent, chacun peut réclamer ses droits, jusqu'à absorption complète du patrimoine du *decujus*. Ainsi, en supposant un citoyen romain mourant, ayant pour successeurs un adrogé impubère, un adopté *ex tribus maribus*, un héritier testamentaire, un héritier légitime ; le premier prendra la quarte Antonine, le deuxième la quarte Sabinienne, le troisième la quarte Falcidie, le quatrième la quarte légitime ; par leur présence le patrimoine se trouvera frappé complétement d'indisponibilité, leurs droits se cumulant.

SECTION III.

INNOVATIONS INTRODUITES PAR LES CONSTITUTIONS IMPÉRIALES.

29. Nous sommes loin déjà de l'omnipotence que la loi des Douze Tables reconnaissait au père de famille. Tout un réseau de restrictions entoure ce *paterfamilias ;* la famille, tantôt par suite de préoccupations politiques, tantôt sous l'impulsion de la raison, a élevé ses droits au niveau de ceux de son chef ; et l'empire, héritant de ce long et pénible développement, n'a plus qu'à régulariser et à compléter un système qui, pris dans son ensemble, suffit à toute prétention légitime. Ici la marche du progrès est plus facile à suivre, il n'y a plus d'enchaînement lent et quelquefois tortueux à faire res-

sortir; quelques points isolés seuls sont à traiter et vont successivement appeler l'attention des empereurs. Ajoutons, cependant, que quelque isolées et sans suite que soient ces innovations, elles n'en vont pas moins arriver, tout en n'agissant que sur les institutions existantes, à en changer le caractère d'une manière à peu près radicale.

§. 1er. *Création de la* querela inofficiosæ donationis et dotis.

30. Nous avons dit précédemment[1], en indiquant pourquoi, qu'aucune restriction n'avait été dans le principe établie contre le droit de disposer par donations entre vifs; nous avons parlé d'une loi *Cincia,* loi de l'ordre politique, dont la sanction, d'ailleurs imparfaite, ne satisfaisait pas toujours les intérêts de la famille; des changements étaient nécessaires: nous les trouvons dans les Constitutions impériales qui vont assimiler les donations aux legs et les soumettre à la plainte d'inofficiosité.

C'est sous Alexandre Sévère que l'on rencontre la première trace de l'application faite à une donation des principes de l'*inofficiosum testamentum:* «*Imperator Alexander Augustus Claudiano Juliano, præfecto Urbis; si liquet tibi, Juliane clarissime, aviam intervertendæ inofficiosi quærelæ patrimonium suum donationibus in nepotem factis exinanisse; ratio deposcit, id, quod donatum est, pro dimidiâ parte revocari*[2].»

L'usage s'en établit tellement, que l'on ne tardera pas

[1] Ci-dessus, n° 18.

[2] L. 37, § 3, ff., *De legatis, II;* Hugo, *Histoire du droit romain,* t. II, p. 74.

à pouvoir dire : « *Non convenit dubitari, quod immodica-*
rum donationum omnibus querela ad similitudinem in-
officiosi testamenti legibus fuerit introducta; ut sit in
hoc actionis utriusque vel una causa, vel similis existi-
manda, vel idem temporibus et moribus [1]. »

D'ailleurs, les Constitutions abondent pour procla-
mer ce résultat. Telles sont les Constitutions 1 et 2,
C. de inoffic. donat., et celles qui sont rapportées dans
les *Vaticana Fragmenta*, §§ 270 et suiv.

Le principe admis, toute la théorie de l'inofficiosité
trouve ici application, sauf les différences que nous
allons tout à l'heure signaler. L'inofficiosité en matière
de donations prenant le caractère d'action en réduction,
il faudra que la donation soit valable, et qu'aucun autre
moyen ne puisse faire arriver les biens aux ayants droit :
« *Si in integrum restitutionem ex filii personâ tibi compe-*
tere.... animadverterit.... tibi subvenit; et ideo non est
tibi necessarium adversus immodicas donationes auxi-
lium ad instar inofficiosi testamenti [2]. » Il en faut dire
autant des cas de nullité pour vices de formes ou absence d'autres conditions. Cette action appartient à tous
ceux qui ont la plainte d'inofficiosité dans le même
ordre et pour les mêmes causes, sauf, bien entendu,
qu'il n'y a pas à s'occuper ici du cas où il y a, ou bien
du cas où il n'y a pas de testament : « *Sed ad intestatos*
quoque eadem ratio æquitatis extenditur [3]. »

Mais, malgré la généralité des termes de la Constitution 9 qui assimile *in omnibus* l'inofficiosité des donations à celle du testament, quelques différences sont

---

[1] *C.. l. 9, de inoff. donat.*
[2] *F., 4, C. de inoff. donat.*
[3] *C. 3 de inoff. donat.*

positivement écrites dans les textes; d'abord, en matière de donation, la légitime, dont le chiffre est le même que pour les dispositions testamentaires, se calcule non au moment de la mort, mais eu égard aux biens au temps de la donation : « *Necessarium habeat in distributione hereditatis tantum unicuique servare ex lege partem, quanta fuit priusquam donationem pater .... faceret*[1]. » De plus, cette différence est de la plus haute importance : la *querela inofficiosæ donationis*, sans faire tomber la donation tout entière, comme le fait pour le testament la *querela inofficiosi testamenti*, la ramène seulement au taux qu'elle n'aurait pas dû dépasser : « *Quod immoderate gestum est revocabitur*[2]. » Les héritiers du sang n'ont donc, en réalité, qu'une action en supplément, lorsque la légitime est entamée. Or, des signes non équivoques séparent la véritable plainte d'inofficiosité de celle qui se résout en un retranchement.

Par la place qu'elle occupe au *Digeste*, la plainte d'inofficiosité est une *actio in rem universalis*[3], c'est une pétition d'hérédité; l'action en supplément, au contraire, est une action personnelle; car l'institution subsistant, l'institué reste héritier et propriétaire. Comme conséquence de ceci, la plainte dure cinq ans; l'action en supplément dure trente ans; c'est une *condictio ex lege*[4]. Les effets de ces deux actions sont aussi différents, puisque, par la plainte, le testament est rescindé tout entier, par l'action en supplément, la donation subsiste en partie.

[1] *Nov.* 92, c. 1.
[2] *C.* 7 *de inoff. donat.*
[3] Pothier, *Pandectes*, V, 11, 19.
[4] L. 3, §§ 7, 32, *De præscriptione*, 30 *vel* 40 *annorum.*

Au reste, nous aurons occasion de revenir sur ce point, quand nous verrons la *querela inofficiosi testamenti* devenir elle-même, en matière de testament, une action en supplément, et participer alors de la nature de l'inofficiosité appliquée aux donations.

Notons, pour terminer ces différences entre la plainte en matière de testaments et la plainte appliquée aux donations, qu'ici les causes de d'exhédération prennent le nom de causes d'ingratitude. En parlant des restrictions ainsi posées au profit des enfants contre les donations entre vifs, les textes ajoutent : « *Hæc itaque dicimus de filiis gratis existentibus eis, non de ingratis, et quibus pater justam et legitimam ingratitudinem infert*[1]. » On peut voir ces causes d'ingratitude dans la loi 8, au Code *De revocandis donationibus*.

31. Une fois appliquée aux donations entre vifs, l'inofficiosité devait tout naturellement atteindre les dots; cette nouvelle extension de l'inofficiosité fut l'œuvre de Constantin. Des raisons toutes spéciales peuvent expliquer pourquoi un siècle s'écoula encore avant que sous ce rapport les dots aient été assimilées aux donations.

D'ailleurs on sait combien les lois faites par les empereurs pour multiplier les mariages favorisèrent la dot, à propos de laquelle on disait avec emphase : « *Reipublicæ interest mulieres dotes salvas habere propter quas nubere possunt*[2]. » On comprend que dès lors l'idée de restriction, de contrainte ait eu peine à venir se joindre à une institution si favorisée. L'injustice qui devait quelquefois présider aux distributions des dots, dut d'abord appeler l'attention. Nous lisons en effet

----

[1] *Nov.* 92, c. 1, § 1.
[2] *Fr.* 23, 32, Ulpien.

dans la loi *4, C. de jure dotium:* «*Nulla lege prohibitum est, universa bona in dotem marito fœminam dare nisi minor esset XXV annis.*» Mais ce n'était là qu'une règle sans portée, je le dirai tout à l'heure. Ce ne fut que sous Constantin que les désordres qui résultaient de cette liberté illimitée du taux de la dot conduisirent à la confondre avec les libéralités ordinaires, pour l'astreindre aux mêmes règles et la soumettre en particulier à la plainte d'inofficiosité. «*Cum omnia bona a matre tua in dotem dicantur exhausta, legibus concordare promptum est, ut ad exemplum inofficiosi testamenti adversus dotem immodicam exercendæ actionis copia tribuatur, et filiis conquerentibus emolumenta debita conferentur*[1].

Cette plainte d'inofficiosité appliquée aux dots ne fut du reste qu'une extension pure et simple de la *querela inofficiosæ donationis.* Donc tous les principes trouvent ici leur application; tant ceux qui la séparent de la *querela inofficiosi testamenti* que ceux qui l'en rapprochent.

§ 2. *Innovations relatives à la nature et aux effets de la plainte d'inofficiosité.*

32. Jusqu'ici les hypothèses que peut faire naître l'exercice de la plainte d'inofficiosité sont peu nombreuses. L'héritier du sang n'a-t-il été ni institué ni exhérédé, le testament est nul, et la succession est dévolue *ab intestat.* L'héritier du sang a-t-il été institué, mais pour une part moindre que la légitime, le testament tombe encore en entier. Les Constitutions impé-

---

[1] *C. 1 de inofficiosis dotibus.*

riales, tout en respectant les droits de la famille, voulurent néanmoins ne pas laisser la volonté du père aussi exposée : « *Omni modo testatorum voluntatibus prospicientes, magnam et inumerabilem occasionem subvertendæ eorum dispositionis amputare censemus* [1]. »

En définitive, elles vont arriver à remplacer la plainte avec ses anciens effets par une simple action en supplément.

La nullité subsiste pour le cas où l'héritier légitime n'a pas été nommé, mais dès qu'il l'a été et quelle que soit la part de biens qui lui ait été laissée, il n'a plus droit qu'à un supplément.

Ce résultat ne fut complétement obtenu que sous Justinien, dont les innovations modifièrent radicalement l'ancien système qui distinguait si réellement la nullité résultant du défaut d'institution ou d'exhérédation de la plainte motivée par une exhérédation imméritée. Désormais la plainte d'inofficiosité n'est plus fondée sur la privation imméritée d'une portion déterminée dans les biens du testateur, elle est fondée sur la privation imméritée du titre d'héritier; la privation des biens ne donne plus droit qu'à une action en supplément, c'està-dire que la nullité subsistant pour défaut de nomination, la plainte se dédouble; reste ce qu'elle était autrefois, quand l'héritier du sang n'est pas institué, quand même il aurait reçu plus que sa légitime; devient action en supplément dès qu'il a été institué, quand ce titre d'héritier n'est pas accompagné des biens formant la légitime.

Constantin commença cette réforme. « *Cum scribit morciens ut arbitratu boni viri, si quid minus filiis*

<hr>

[1] *C.* 30 *de inoff. testam.*

*sit relictum quam modus quartæ quæ per successionem,
bonis tantum liberis debetur, effugitat id ipsum ab herede eidem in pecunia compleatur, manifestum est,
nullam jam prorsus querelam remanere[1].»* L'innovation
est facile à saisir, mais elle n'est pas complète. On voit de
suite en quoi elle change l'ancien droit; le rôle incertain que jouait la légitime dans la théorie de la plainte,
permettait qu'on se demandât si les héritiers, par le
seul fait qu'ils recevaient une portion quelconque, se
trouvaient dans l'impossibilité d'intenter la plainte
d'inofficiosité; l'absence de la part légitime était bien
une des conditions voulues pour que la plainte pût être
intentée; mais une légitime incomplète devait-elle équi-
valoir à une légitime inexistante, ou, sauf à être complétée, à une légitime? D'un autre côté, cette légitime
excluait-elle la plainte, si elle avait été laissée à un autre titre que celui d'héritier. Cette dernière question
avait été dès longtemps résolue.« *Si quis mortis causâ filio
donaverit quartam partam ejus, quod ad eum esset per-
venturum, si intestatus paterfamilias decessisset puto
eum secure testari[2].»* Quant à la première question,
Constantin déclara qu'une légitime imparfaite équivau-
drait, sauf à être complétée, à une légitime entière; *cum
scribit moriens ut arbitratu boni viri... compleatur.*

Justinien devait aller plus loin sur l'une et l'autre de
ces questions. Nous allons voir ces innovations à propos
du titre auquel doit être laissée la légitime dans le § suivant. Quant à l'effet de l'existence d'une légitime imparfaite, il complète ce qu'avait commencé Constantin;
la portion due aux héritiers du sang est encore le quart

---

[1] Constant., *C. 4, C. Th. de inoff testam.*
[2] Ulp., fl. 5, t. II, § 8.

de ce que chaque héritier légitime eût obtenu *ab intestat* ; mais, par exception à l'ancien droit qui permettait la plainte dès que ce quart n'avait été laissé tout entier, par exception à la Constitution de Constantin qui laissait subsister ces principes tant que le testateur n'avait pas manifesté une volonté contraire, Justinien décida qu'une portion quelconque de l'hérédité, même le plus petit legs, suffirait pour exclure la plainte, que le testateur ait ordonné ou non de la compléter. Dès l'instant donc que l'héritier a reçu quelque chose, la seule action qu'il puisse intenter est une action en supplément, supplément qui devra être le complément du quart. « *Ut sive adjiciatur in testamento de adimplenda légitima portione, sive non, firmum quidem sit testamentum, liceat vero his personis, quæ testamentum quasi inofficiosum, vel alio modo subvertendum queri poterant, id quod minus portione legitima sibi relictum est, adimplendam eam sine ullo gravamine vel mora exigere: si tamen non ingrati legitimis modis arguantur* [1]. »

33. A cette époque, et après les Constitutions de ces empereurs, la plainte se dédoublait donc dans ses effets ; le testament tombait, lorsque rien n'avait été laissé ; il subsistait, mais il était soumis à réduction, quand il avait été laissé quelque chose au légitimaire. « *Et hæc quidem de his personis statuimus, quarum mentionem testantes fecerint, et aliquam eis quantitatem in hereditate, vel legato, vel fideicommisso, licet minorem legitima portione reliquerint. — Sin vero præterierint.... Tunc vetera jura locum habere sancimus* [2]. »

---

[1] *C.* 30 *de inoff. testam.*
[2] *C.* 30, § 1, *de inoff. test.*

§ 3. *Innovations relatives au titre et au taux de la légitime.*

34. La plainte, une dans l'origine, peut donc désormais affecter deux formes bien différentes ; une réforme plus radicale encore va venir achever de métamorphoser l'ancienne *querela*. Jusqu'ici la quarte ou la quotité quelconque des biens qu'il fallait donner aux héritiers, pour empêcher d'intenter la plainte, pouvait leur être laissée, n'importe à quel titre, à titre d'héritier, de légataire, ou de donataire[1].

Avec Justinien, les héritiers obtiennent le droit, non-seulement d'être nommés dans le testament, mais d'y être institués.

Autrefois le père devait ou exhéréder ou instituer, et la plainte n'existait que comme critique d'une exhérédation imméritée ; désormais, il ne pourra plus opter entre ces deux partis, dont les prudents lui avaient d'abord laissé le choix. La plainte est ouverte au profit des ayants droit dès qu'ils n'ont pas été institués, et pour exclure la plainte, il faut que ce quart d'abord, plus tard, cette portion quelconque à compléter, soient laissés à titre d'héritier.

Les choses ont bien changé depuis les Douze Tables ; on a d'abord forcé le père à songer à ses enfants, mais en le laissant libre encore ; plus tard, on a permis aux enfants de faire examiner et juger les causes de la sévérité du père, à moins qu'ils n'aient reçu un quart ; maintenant, on exige que le père institue ses enfants, qui sont sûrs alors d'être héritiers, ou par testament, ou *ab intestat,* si le premier titre leur fait défaut. C'est alors

[1] L. 8, § 6, l. 25, ff., *De inoff. test.*

vraiment qu'on peut dire que la plainte est fondée non plus sur la privation des biens, mais sur la privation du titre d'héritier. L'action se dédouble encore, la plainte reste pour la réclamation du titre, l'action en supplément surgit dès qu'ayant été institué, on ne l'a pas été pour le quart des biens. Hors de là, il y a nullité du testament.

« *Sancimus ut... non licere præterire aut exheredes in suo facere testamento, nec si per quamlibet donationem, vel legatum, vel fideicommissum, vel alium quemcumque modum eis dederit legibus debitam portionem*[1]. »

« *Si hæc omnia non fuerint observata, nullam vim hujusmodi testamentum, quantum ad institutionem heredum, habere sancimus*[2]. »

35. Le titre auquel doit être laissée la légitime changé, le taux qu'elle devait atteindre, invariable d'abord, va devenir proportionnel. Fondée sur l'exemple de la quarte Falcidie, elle avait pour taux le quart des biens du déunt; cette coïncidence s'explique quand on se rappelle qu'à Rome les héritiers privilégiés étaient les héritiers testamentaires, et que la loi ne pouvait favoriser les héritiers du sang plus qu'eux. On ne sait pas positivement si la loi Falcidie ne contenait pas une disposition formelle à cet égard; le fait est qu'on attribua aux héritiers du sang le même droit qu'aux héritiers institués, et qu'ils durent toujours avoir dans les biens du défunt le quart de la portion héréditaire qui leur fût revenu *ab intestat*, si le défunt n'eût pas fait de testament. Justinien apporta dans ses Novelles plusieurs modifications à cet état de choses; modifications que nous signalons

[1] *Nov.* 115, c. 3.
[2] *Nov.* 115, c. 4, § 9.

seulement ici, et que nous étudierons spécialement en
parcourant les textes relatifs au calcul de la légitime
(ci-dessous, n°ˢ 45 et suiv.); il favorisa le droit légitime
des enfants au détriment du droit conventionnel des héritiers *ab intestat*. Il augmenta d'abord la légitime en
faveur de tous les légitimaires, quels qu'ils fussent, descendants, ascendants ou collatéraux, et fixa la quotité
à la moitié, lorsqu'ils étaient plus de quatre, au tiers
dans le cas contraire. « *Hoc observando in omnibus personis in quibus ab initio antiquæ quartæ ratio de inof-
ficiosa lege decreta est* [1]. » Il voulut même que la légitime
des fils et des filles du décurion fût des trois quarts des
biens de leur père. De plus, au lieu de calculer cette
quotité sur ce que chaque héritier eût eu *ab intestat*, il
voulut que, fixée en elle-même, elle fût calculée sur la
masse du patrimoine, et fût toujours une part *totius
substantiæ*; nous indiquerons plus tard les conséquences
pratiques de cette innovation.

§ 4. *Innovations relatives au droit d'exhérédation.*

36. Les changements qu'amenèrent les Constitutions
impériales en ce qui concerne le droit d'exhérédation
sont fort simples. Dans le principe, on reconnaissait le
testament comme seule loi de l'hérédité, et on attribuait
au testateur un pouvoir dont l'abus démontra le danger.
La nécessité des exhérédations formelles ne suffit pas
longtemps pour remédier aux inconvénients signalés;
et ce fut alors qu'on permit aux enfants de discuter le
mérite de leurs exclusions. Cette plainte, qu'ils devaient
porter devant le tribunal des centumvirs, donnait aux

[1] *Nov.* 18, c. 1, *in fine.*

magistrats un pouvoir discrétionnaire. Il était bien dit que ceux-ci devaient casser le testament, si les motifs d'exhérédation ou d'omission n'étaient pas justifiés et graves ; mais ces motifs n'étaient pas fixés, et on en abandonnait l'appréciation aux juges. Ce ne fut que plus tard que Justinien, toujours dans le but de mettre les enfants hors de la dépendance du père, détermina par une Novelle les justes causes d'exhérédation, et exigea, sous peine de nullité, qu'elles fussent exprimées dans le testament.

Ces causes varient suivant qu'elles s'appliquent aux descendants, ascendants ou collatéraux. Quatorze causes pouvaient motiver l'exclusion des descendants.

1° Si le fils s'est rendu coupable d'une injure grave envers son père.

2° S'il l'a frappé ;

3° S'il a attenté à sa vie ;

4° Si, par sa délation, il lui a fait éprouver quelque dommage ;

5° S'il vit associé à des malfaiteurs ;

6° S'il a voulu empêcher son père de tester ;

7° S'il l'a abandonné dans la démence ;

8° S'il ne l'a pas racheté de la captivité ;

9° Si le fils est un hérétique qui rejette les quatre premiers conciles œcuméniques ;

10° S'il a accusé son père d'un crime capital, à l'exception du crime de lèse-majesté ;

11° S'il a eu commerce avec sa belle-mère ou la concubine de son père ;

12° S'il s'enrôle avec des comédiens malgré son père ;

13° S'il ne veut pas, en se portant *fidejusseur*, faire élargir son père détenu pour dettes ;

14° Si une fille mineure que le père a voulu marier et doter, se livre à une prostitution mercenaire[1] ;

Les justes causes d'omission à l'égard des ascendants étaient au nombre de huit :

1° S'ils ont accusé leurs enfants d'un crime capital ;

2° Dressé des embûches à leur vie ;

3° Eu commerce avec la femme ou la concubine de leurs fils ;

5° Mis obstacle à ce qu'ils fissent leur testament ;

5° S'ils ne les ont pas rachetés de l'ennemi ;

6° S'ils les ont abandonnés dans la démence ;

7° Pour cause d'hérésie ;

8° Si le père a voulu empoisonner la mère ou réciproquement[2].

A l'égard des frères et sœurs, les justes causes d'omission sont au nombre de trois ;

1° Pour attentat à la vie ;

2° Accusation d'un crime ;

3° Grand dommage de fortune[3].

37. Telles sont les phases du développement de la légitime dans la législation romaine. Au point d'arrivée, l'ensemble du système se saisit d'un coup d'œil ; mais nous voyons combien ont été lentes les réformes en cette matière et combien de mesures indirectes il a fallu prendre pour arriver à donner aux parents le droit d'avoir le titre d'héritier ; quant au point de départ, il suffisait, pour qu'ils n'eussent rien de la succession paternelle, qu'il ne soit pas question d'eux dans le testament.

[1] *Nov.* 115, c. 3.
[2] *Nov.* 115, c. 4.
[3] *Nov.* 22, c. 47.

CHAPITRE II.

DE LA LÉGITIME.

38. Dans ce chapitre, nous ne dirons plus ce que c'est
que la légitime; nous ne mentionnerons pas les différentes phases par lesquelles le droit romain a passé
avant de reconnaître cette légitime, ni la série des mesures qu'il a édictées pour assurer le droit des enfants
dans toutes les éventualités possibles. Le chapitre précédent répond à toutes ces questions; nous nous plaçons
au dernier état de la législation pour examiner les difficultés d'application, et chercher à faire un simple résumé des textes sur cette matière.

§ 1er. *Personnes ayant droit à la légitime.*

39. Jusqu'à présent nous avons employé le mot de légitimaire et quelquefois de réservataire, sans indiquer
quelles personnes avaient droit à ce titre. Ce sont :

1° Les enfants;

2° Les ascendants;

3° Les frères et sœurs.

40. Les enfants ont en premier ordre droit à la légitime, et par suite peuvent se prévaloir de la plainte
d'inofficiosité, qu'ils soient soumis ou non à la puissance
paternelle[1]; qu'ils soient naturels, légitimes, adoptifs
ou posthumes; tous ont sous ce rapport une position
analogue[2], ne différant que par rapport aux personnes

[1] L. 7, ff., *De inoff. testam* ; l. 8, ff., *De bonorum possess. contra
tabulas.*

[2] *Nov.* 89, c. 2, § 5.

vis-à-vis desquelles ils pourront faire valoir leurs droits. Les enfants nommés *spurii* auront droit d'intenter la plainte contre le testament de leur mère. « *De inofficioso testamento matris spurii quoque filii dicere possunt; quamvis instituta inofficiosi testamenti accusatione, res transactione decisa sit, tamen testamentum in suo jure manet, et ideo datæ in eo libertates atque legata, usque quo Falcidia permittit suam habent potestatem* [1]. »

Les enfants adoptifs, depuis Justinien, ne se verront pas toujours privés de la plainte d'inofficiosité contre le testament de leur père naturel. Avant cet empereur, l'adoption, en détruisant la puissance paternelle du père naturel, privait l'adopté de tout droit à l'hérédité de ce dernier, sans lui assurer celle de l'adoptant qu'il pouvait perdre, puisqu'il n'y avait droit qu'*ab intestat;* Justinien, voulant garantir l'adopté de ce malheur, décida que tout enfant, donné en adoption à un étranger, restera sous la puissance et dans la famille du père naturel, et y conservera tous ses droits [2]. C'est, en effet, après avoir parlé du préjudice que pourrait éprouver un enfant adopté, qu'il nous dit : « *Tale vitium corrigentes, sancimus per adoptionem quidem ad extraneam personem factam, jura naturalis patris minime dissolvi, sed ita eum permanere quasi non fuisset in alienam familiam translatus.* »

Remarquons seulement que les impubères adrogés ayant une quarte spéciale n'ont pas droit à la plainte ; on ne peut donc expliquer que par un oubli la loi 8, § 15, *De inoffic. testam.*, et le texte de la *Nov.* 18, qui la leur donnent.

---

[1] L. 29, ff., *De inoff. testam.*
[2] *Inst.*, § 1, *De adopt.;* ci-dessus, n° 23.

Les enfants posthumes, siens ou externes[1], ont le droit d'intenter l'action d'inofficiosité, et même leur réussite dans cette plainte n'était pas douteuse, car il était bien évident qu'étant posthumes, ils n'avaient donné au testateur aucun juste motif de les exhéréder ou de les omettre. On peut comprendre cependant leur exhérédation ou leur omission, en se rappelant que très-souvent les motifs de plainte du testateur ne sont pas personnels anx héritiers, et que le juge doit quelquefois apprécier le mérite du fils dont ils occupent la place[2].

41. A défaut d'enfants, la plainte est accordée aux ascendants. « *Quemadmodum a patribus liberis et a liberis parentibus deberi legitimam*[3].

42. A défaut d'ascendants, la plainte est accordée aux frères et sœurs du défunt: encore fallait-il que ces frères soient germains ou consanguins; s'ils étaient utérins, ils n'avaient aucun droit à l'action (tel était le droit avant les Novelles). La raison de cette exclusion des frères utérins se comprenait, quand on considère qu'ils ne portaient pas le même nom, et n'étaient pas membres de la même famille; ils ne furent admis à se plaindre du testament inofficieux que depuis la Novelle 118, qui supprima toute différence entre les parents paternels et maternels[4]. De plus, l'action d'inofficiosité qui est accordée aux autres parents, sans qu'il faille avoir égard à la qualité des héritiers choisis par le testateur, n'est donnée aux frères et sœurs que si les institués sont des per-

---

[1] L. 6, *De inoff. testam.*
[2] I.. 3, § 5, *De bonorum possess. contra tabulas.*
[3] L. 7, ff., *Si tabulæ testamenti nullæ extabunt.*
[4] *Nov.* 118, c. 3.

sonnes viles. Sous ce nom on comprenait les histrions, les gladiateurs, les prostituées, les personnes notées d'infamie; aussi se plaignent-ils moins de l'exclusion qui les frappe que de la préférence accordée à des institués peu honorables (*turpibus personis scriptis heredibus* [1]). Aussi pouvait-il arriver, qu'une hérédité ayant été partagée entre deux personnes, l'une de famille honorable, l'autre de la classe des personnes *turpes*, l'action d'inofficiosité ne fut accordée aux frères et sœurs que contre la personne *turpis*; dans ce cas, la partie de l'hérédité donnée à cette dernière pouvait seule leur revenir. C'était un des cas exceptionnels où l'on pouvait mourir partie testat, partie intestat. «*Quid enim, si fratre agente, heredes scripti diversi juris fuerunt? Quod si fuerit, pro parte testatus, pro parte intestatus decessisse videtur* [2].»

43. Ces principes reposent sur des textes formels et ne peuvent donner lieu à controverse; il n'en est pas de même de la question de savoir si, dans certains cas, le donateur lui-même peut répéter une partie de la donation, pour rétablir à l'avance l'intégrité de la légitime. Cette possibilité ne paraît pas avoir été douteuse, par application de la loi *Cincia* [3]; mais quelques doutes peuvent s'élever s'il s'agit de l'inofficiosité. Règle générale, le droit à la légitime ne peut être exercé que par les parents auxquels il appartient; les textes cependant semblent décider autrement lorsqu'une libéralité faite se trouve plus tard devenir inofficieuse par la survenance d'enfant, et se prêtent à l'opinion qui

---

[1] *C.* 21, 27, *de inoff. testam.*

[2] L. 24, ff., *De inoff. testam.*

[3] Ci-dessus, n° 18.

soutient qu'alors le donateur peut lui-même répéter par avance une partie de la donation. En effet, la loi 5 *C. de innoffic. donat.* renferme ces mots, exprimant la réponse faite dans l'espèce par l'empereur Mommus, « *id quod... liberis relinqui necesse est, ex factis donationibus detractum,.... ad patrimonium suum revertitur,* » d'où l'on a conclu que le retour s'effectue du vivant du donateur, *ad patrimonium suum,* mais ces mots peuvent aussi bien s'appliquer à la réclamation des enfants après la mort du père, et n'avoir pour but que de rassurer ces derniers; *ad patrimonium suum* peut très-bien être synonyme de ceux-ci: *ad hereditatem suam.* D'ailleurs, jusqu'à la mort du donateur, on ignore s'il y aura *inofficiositas,* car il faut pour cela que ses enfants lui survivent[1].

44. Reste à voir dans quel ordre ces héritiers légitimaires peuvent intenter l'action d'inofficiosité. Nous avons dit que cette action competait d'abord aux enfants, puis aux ascendants et enfin aux collatéraux; c'est là l'ordre qu'indiquent les textes[2].

C'était en effet là l'ordre de succession, et il devait être suivi dans l'excroice de la plainte qui, en réalité, constituait une pétition d'hérédité partielle ou totale selon les temps. Mais, sans parler des innovations des Nov. 118 et 127, les Constitutions antérieures avaient déjà changé ces règles en intervertissant cet ordre pour les successions *ab intestat.* Les textes du Code appelèrent en effet certains collatéraux, les frères et sœurs, au deuxième rang après les descendants et avant les ascendants[3].

---

[1] Coccejus, *Jus civile controversum,* l. II, p. 41.
[2] *Inst.,* § 2, *De inoff. testam.,* l. XXI, 27; *C. de inoff. testam.*
[3] L. 4, *C. de bonis quæ liberis;* Fr. 2, *Ad Tertullianum.*

Comment dès lors la Constitution de Constantin n'admit-elle les frères qu'en dernier lieu, après les ascendants? Vinnius pense que les Constitutions impériales ont réglé l'exercice de ce droit, sans se préoccuper des perturbations qu'elles allaient apporter dans les principes du droit ancien[1]; dès lors il restait à coordonner ces règles nouvelles avec les anciennes. D'abord, pas de difficultés dans le cas de mort d'un fils de famille non émancipé; il ne peut être question que de son pécule *castrans*, et alors pas de plainte.

Dans le cas de mort d'un fils de famille émancipé, c'est l'ascendant émancipateur qui est préféré à tous pour la succession *ab intestat*, et aussi dès lors pour la plainte[2]. Mais dans les cas où la mère succède en vertu du sénatus-consulte Tertulien, auquel cas elle est primée par les frères et sœurs consanguins, dans le cas de la Nov. 118 qui admet les frères à concourir avec les pères et mères du défunt, l'ordre ancien a dû céder. Il est probable que les passages relatifs à la plainte s'occupent plutôt des personnes ayant cette action que de la hiérarchie à établir entre elles, hiérarchie pour laquelle la loi se rapporte à l'ordre de succession *ab intestat* qui a varié avec les époques.

Remarquons enfin que l'action d'inofficiosité, se fondant sur une espèce d'injure que les personnes déshéritées ou omises prétendent avoir reçue du défunt, obéira aux principes généraux sur ce point. Aussi longtemps que la personne à laquelle cette action appartient existe, personne ne peut l'intenter. Ce n'est que dans le cas où cette personne mourrait en manifestant

[1] *Inst., hoc titulo*, § 1.
[2] L. 3, ff., *De inoff. testam.*

le désir qu'elle aurait de se servir de cette action, que cette action passerait à ses héritiers.

« Si quis instituta accusatione inofficiosi decesserit, an ad heredem suum querelam transferat? » Papinianus répondit : *« Si post adgnitam bonorum possessionem decesserit, esse successionem accusationis[1]. etc. »*

Telles sont les personnes qui, ayant droit à la légitime, peuvent employer pour l'avenir les actions qui la sanctionnent. Ajoutons seulement que cette action d'inofficiosité peut être intentée contre tout testament, qu'il soit écrit ou verbal, et quels que soient, les héritiers y dénommés (*Quicumque heredes instituti sint, sive liberi, sive extranei, aut municipes, aut etiam imperator[2]*).

La puissance paternelle même n'y met aucun obstacle; le fils, quoique soumis à la puissance paternelle, peut intenter l'action contre son père institué par la mère (*nam indignatio filii est[3]*). De même pour le cas où sa mère aurait été instituée par son père, et, en un mot, cette action peut être intentée contre qui que ce soit, même contre le fisc (*veluti heredis heredes aut etiam fiscum[4]*).

§ 2. *Calcul de la légitime.*

45. Nous avons déjà dit[5] comment le taux de la légitime fut changé par Justinien, et comment d'invariable

---

[1] Fr. 6, § 2, *De inoff. testam.*
[2] L. 31, § 4, *h. t.*; l. 8, § 2, ff.
[3] L. 22, *C. inoff. testam.*
[4] L. 10, *C. h. t.*
[5] Ci-dessus, n° 35.

qu'il était, il fut depuis la Novelle 18, chap. Iᵉʳ, calculé eu égard au nombre des légitimaires; nous n'ajouterons rien sur ce point. Nous noterons seulement, pour compléter ce qui a trait au chiffre de la légitime, un passage du *Digeste* qui s'occupe du cas spécial où la libéralité porte sur un usufruit.

On peut léguer l'usufruit de tout le patrimoine, pourvu que l'estimation de cet usufruit ne le porte pas à un taux supérieur aux trois quarts des biens[1]; la Nov. 128, chap. 3, exige que le légitimaire ait sa légitime en toute propriété, l'usufruit légué ne pouvant porter que sur le disponible.

46. Indépendamment du changement qu'elle fit subir au chiffre de la légitime, la Nov. 18, chap. Iᵉʳ, changea la base même de ce calcul. D'après elle, la légitime n'est pas calculée, comme autrefois la quarte, sur la part héréditaire, mais sur la masse de la succession; et la réserve, une fois fixée sur cette masse, se partage entre les ayants droit. Chaque légitimaire n'a plus un quart de ce qui lui fût advenu *ab intestat*; la réserve est fixée en elle-même, eu égard à tout le patrimoine, puis ensuite répartie entre les légitimaires; elle est en effet d'une part qui varie, mais qui est toujours une part *totius substantiæ*. Il pouvait résulter de là une conséquence singulière, que la légitime d'un ascendant fût plus forte que ce qu'il eût recueilli *ab intestat*. Supposons, en effet, que le défunt laisse sept frères et son père; d'après la Nov. 118, les ascendants, concourant avec des frères germains du défunt, prennent une part virile, et dans l'espèce le père eût eu droit à un huitième; or, d'après

---

[1] L. 29, ff., *De usufructu et quemadmodum quis.*

la Nov. 18, chap. Ier, la légitime en ce cas sera d'un tiers; puisque dans ce cas les collatéraux peuvent ne pas avoir de réserve. Cette anomalie avait excité de longues controverses parmi les anciens romanistes. Les uns voulaient soutenir que, nonobstant la Nov. 18, la légitime devait toujours se calculer comme fraction de la part héréditaire; les autres, fidèles au texte de la Novelle, voulaient qu'elle fût une part *totius substantiæ*. Plus tard on fit remarquer, qu'au fond la manière de procéder fixée par la Novelle ne peut avoir d'inconvénient. En effet, si le fils a institué héritier un étranger, sans laisser la légitime au père, les frères ont même intérêt à ce que la légitime soit d'un tiers de la masse, puisqu'elle comprend des biens qui doivent leur revenir; que s'il a institué ses frères et son père, mais inégalement, de sorte que le père ou la mère ait moins que quelques-uns des frères, il ne serait pas juste qu'ils puissent réduire l'ascendant au tiers de la portion que chacun d'eux eût eu *ab intestat*, danger qu'évite le calcul sur la masse.

47. Le taux de la légitime fixé, reste à savoir quelle est la manière dont on doit opérer pour arriver à sa formation.

Pour déterminer la légitime, on considère le patrimoine du défunt tel qu'il était au moment de la mort. *Cum quæritur an filii de inofficioso patris testamento possint dicere, si quartam bonorum partem mortis tempore testator reliquit, inspicitur*[1].

Cet actif héréditaire conprend les biens et en général toutes les valeurs existantes au décès du testateur, entre autres les créances du défunt jusqu'à concurrence de la

______
[2] *C.*, l. 6, *de inoff. testam.*

solvabilité du débiteur, et, lorsqu'elles sont conditionnel-
les, jusqu'à concurrence de leur valeur vénale. Du reste,
on y comprend aussi toutes les choses qui forment l'objet de legs et autres libéralités testamentaires, ainsi que
les donations à cause de mort.

Les donations entre vifs faites par le défunt n'entrent
point dans la masse pour faire le calcul de la légitime.
En effet, elles ne se trouvaient plus faire partie du patrimoine du défunt, et ne pouvaient y revenir que dans
le cas où elles auraient été attaquées pour cause d'inofficiosité, comme ayant épuisé outre mesure les biens
du défunt[1], dans un but d'éluder la querelle d'inofficiosité testamentaire. Nous savons qu'alors on examine le
patrimoine eu égard à son état, non pas au temps du
décès, mais eu égard à son état au temps de la donation[2]. La qualité du donataire pouvait, du reste, faire varier ces règles, et de cette qualité dépendait la question
de savoir si les libéralités faites par le testateur devaient
entrer dans la masse pour le calcul de la légitime. Si ces
libéralités faites aux héritiers du sang étaient des legs,
des fidéicommis, des donations à cause de mort, aucun doute ne pouvait exister; les choses qui faisaient
l'objet de ces libéralités existaient encore au moment
du décès et faisaient partie du patrimoine du défunt.
Quant aux donations entre vifs, elle ne devaient pas en
règle générale entrer dans la masse, mais par exception
et dans certains cas elles y entraient cependant. Ainsi,
dans le cas où la donation avait été faite sous la condition expresse qu'elle serait imputée sur la légitime, l'héritier ne perdait pas son droit de réclamer, mais ce droit

---

[1] *Vatic. Fragm.*, §§ 270, 271, 280, 281, 282.
[2] Voir ci-dessus, n° 30.

se bornait à demander le complément de sa quarte : « *Si non mortis causa fuerit donatum, sed inter vivos, hâc tamen contemplatione ut in qnartam habeatur, potest dici inofficiosi querelam cessare, si quartam in donationc habet, aut si minus habeat, quod deest viri boni arbitratu repleatur, aut certe conferri oportere id quod donatum est* [1]. »

Ainsi encore, dans le cas où il s'agissait de ce qui avait été donné entre vifs à l'héritier pour l'achat d'un grade militaire : « *Imputari vero filiis aliisque personis, quœ dudum ad inofficiosi testamenti querelam vocabantur, in legitimam portionem et illa volumus, quœ occasionc militiœ ex pecuniis mortui eisdem personis acquisita, posse lucrari eas manifestum est* [2]. »

Ainsi encore, les objets donnés pour dot ou par donation à cause de noces s'imputaient sur la légitime : « *Non tantum eamdem dotem vel donationem conferri, verum etiam in quartam partem ad excludendam inofficiosi querelam, tam dotem datam quam ante nuptias donationem prœfato modo volumus imputari.* [3] »

Sur la masse estimée, comme il vient d'être dit, on déduit : 1° Les dettes : « *Bona intelliguntur quœ deducto aere alieno supersunt* [4]. »

2° Les frais funéraires qui sont une dépense inévitable, faite sinon par le défunt, du moins pour lui; mais ces frais devront rester dans de justes bornes [5].

3° Enfin le prix des esclaves que le testament affran-

---

[1] L. 25, ff., *De inoff. testam.*
[2] L. 30, § 2, *C. de inoff. testam.*
[3] L. 29, *C. de inoff. testam.*
[4] Fr. 39, § 1, *De verb. signific.*
[5] Fr., 1 1, § 19, *Ad legem Falcidiam*, et L. 14, § 6, *De religiosis.*

chit, ainsi que le prix de ceux que l'héritier est forcé d'affranchir[1].

Ces déductions opérées, on forme la masse, on en prend le quart ou d'autres fractions, selon les temps, qui forment la portion légitime.

En résumé, pour former la masse, on réunit aux biens existants au décès du testateur les donations particulières et exceptionnelles faites au réservataire, les libéralités testamentaires que le testateur a pu faire à des étrangers; puis on déduit de cette masse ainsi formée les dettes du défunt, les frais funéraires et les affranchissements. Ce tout représente alors l'actif de la succession, sur lequel le réservataire calcule ses droits.

§ 3. Sanctions des droits des légitimaires.

1. Actions servant de sanction.

48. La seule sanction est, à vrai dire, la plainte d'inofficiosité; mais cette même action reçoit différents noms et produit différents effets, selon les circonstances. On appelle inofficieux tout ce qui n'est pas conforme aux devoirs que l'affection, le sang, l'amitié, la reconnaissance imposent à certaines personnes. La plainte d'inofficiosité est donc une critique portée contre un acte régulier, contre lequel il ne s'élève aucun reproche légal, mais qui blesse les sentiments de la nature. Les effets de cette plainte varient suivant la nature de la libéralité contre laquelle elle est dirigée.

49. Dirigée contre les donations, la plainte d'inofficiosité n'annule pas la libéralité, mais la réduit au taux que le donateur ne devait dépasser :

«*Si liquet tibi, Juliane carissime, aviam interver-*

[1] Fr., LL. 39, 36, § 2, *Ad legem Falcidiam;* l. 23, § 1 , *De manumissis testam.*

*tendæ inofficiosi querelæ patrimonium suum donatio-
nibus in nepotem factis exinanisse; ratio deposcit, id,
quod donatum est, pro dimidia parte revocari*[1].» Et ailleurs on lit d'une manière plus générale : « *Quod immoderate gestum est revocabitur* » (*C. 7 de inoff. donat.*).

De là il résulte que l'attaque des donations n'était
qu'un moyen subsidiaire, auquel l'on n'avait recours
que si les biens laissés au décès ne suffisaient pas pour
parfaire la légitime.

50. La plainte d'inofficiosité introduite contre un testament annulait dans le principe ce testament et avec
lui toutes les dispositions qui y étaient contenues.

« *Si ex causa de inofficiosi cognoverit judex et pro-
nunciaverit contra testamentum, nec fuerit provocatum,
ipso jure recissum est, et suus heres erit, secundum
quem judicatum est*[2]. »

Plus tard, et à partir des Constitutions des empereurs Constantin et Justinien, la plainte d'inofficiosité
devint une action en supplément, le testament ne fut
plus annulé; les légitimaires durent, en cas d'insuffisance de la portion à eux laissée, en demander le
complément, complément qui leur sera donné *boni
viri arbitratu*, c'est-à-dire en proportion de la valeur des
biens appréciés par un expert d'une probité reconnue.
Ce complément se demande par une action personnelle, transmissible aux héritiers, donnée d'après la volonté expresse ou tacite du défunt pour assurer la conservation de son testament; elle diffère donc à tout
égard de la plainte d'inofficiosité, ancienne action réelle,
non transmissible aux héritiers de la personne lésée,

[1] FF., l. 87, § 3, *De legatis.*
[2] FF., l. 8, § 16, *De inoff. testam.*

existant pendant cinq ans seulement, à compter du jour où l'héritier institué a fait adition[1].

2. Conditions d'exercice des différentes actions.

51. La plainte d'inofficiosité, se fondant sur une fiction injurieuse pour le testateur, est une voie extraordinaire qui ne peut être admise qu'à défaut de tout autre moyen pouvant faire obtenir tout ou partie de l'hérédité, *famœ mortuorum parcendum.* Ce caractère de la plainte explique pourquoi la non-réussite entraînait, comme peine, contre le réclamant, la perte de tous les legs à lui faits; ces legs étaient attribués au fisc. « *Et fisco vindicari quasi indigno ablatum*[2];» Ce qui n'avait pas lieu dans les donations, où l'action en supplément n'avait rien d'injurieux.

Mais, dans un cas comme dans l'autre, du moment qu'un autre moyen se présente, la plainte d'inofficiosité ne peut être intentée. Ainsi le défaut d'institution ou d'exhérédation d'un enfant légitime suffit pour faire déclarer le testament nul et dès lors retirer la plainte[3].

Ainsi encore, l'impubère adrogé et ensuite déshérité par l'adrogeant, ne se servira jamais de la plainte d'inofficiosité, ayant pour ce cas la quarte Antonine[4].

Ainsi l'enfant institué pour moins d'un quart a la quarte Falcidie. Enfin, nous excluons tous les cas où le préteur accorde une possession *contra tabulas,* par exemple, en cas d'omission du fils émancipé[5].

52. Mais, indépendamment de cette première condi-

---

[1] Voir ci-dessus, n° 30.

[2] L. 8, § 14, ff., *De inoff. testam.;* l. 13, ff., *De jure fisci.*

[3] L. 23, ff., *De inoff. testam.*

[4] LL. 8, 15, ff., *De inoff. testam.*

[5] L. 8, ff., *De bonorum possess. contra tabulas.*

tion, il fallait, règle générale, pour l'existence de la plainte, qu'il y ait eu exhérédation ou omission. Ici il faut distinguer, car l'omission dans plusieurs cas eût entrainé nullité du testament et exclu la plainte. L'exhérédation comme l'omission peuvent donner onverture à la plainte, mais dans des cas différents; il est en effet des personnes qui doivent exhéréder, sous peine de nullité du testament, d'autres au profit desquelles l'omission n'est pas une cause de nullité, mais une cause de plainte; le père seul était obligé d'exhéréder ses enfants nés ou posthumes, sous peine de voir dire que son testament *ab initio non constiterit*[1].

Nous laissons de côté les formes de l'exhérédation, qui variaient avec le sexe et le degré des héritiers; la nécessité de l'exhérédation, quelle que soit la forme, est seule un fait à constater[2].

Quant à la mère, elle n'a pas besoin de déshériter; n'ayant jamais d'héritiers siens, elle ne peut ôter à ses enfants une qualité qu'ils n'ont point; la nécessité de l'exhérédation, créée par les prudents, était une conséquence de la copropriété de famille qui existait entre le père et les enfants, mais non entre la mère et les enfants de celle-ci; le seul défaut d'institution suffisait pour que les enfants n'aient rien à réclamer, et rien n'imposait à la mère de leur enlever préalablement un droit non encore acquis pour eux; aussi fut-ce pour cela qu'on finit par dire: « *silentium matris tantum facit quantum exheredatio patris*[3]. » L'omission ici, loin d'être une cause de nullité, donne donc ouverture à la plainte[4].

[1] Gaius, *C. 2*, §§ 115, 123.
[2] LL. 7, 31, ff., *De liberis et posthumis.*
[3] *Inst.*, § 7, *De exheredat. liberor.*
[4] Gaius, *C. 3*, § 71; l. 13, ff., *De suis et legitimis.*

C'est en ce sens que la Novelle 145 parle de l'exhérédation paternelle et de l'omission maternelle, donnant toutes deux ouverture à la plainte d'inofficiosité.

Les militaires, sous ce rapport, étaient assimilés à la mère, et l'omission de leur part valait autant qu'une exhérédation formelle[1].

Mais ici ce rapprochement est sans intérêt, puisqu'en tout cas les testaments militaires ne pouvaient être déclarés inofficieux.

« *Testamentum militis filiifamilias in castrensi peculio factum, neque a patre, neque a liberis ejus per inofficiosi querelam rescindi potest*[2]. » Les militaires, en vertu d'une exception motivée, soit par leur grande inexpérience des affaires, soit par les dangers de leur profession, soit enfin par l'importance politique qu'ils avaient acquis sous les empereurs, pouvaient tester sans observer aucune espèce de forme: « *Valet testamentum ex voluntate ejus*[3].

Il en était de même et pour les mêmes raisons à l'égard des ascendants et des collatéraux, leur omission par les descendants n'infirmait pas le testament, mais donnait ouverture à la plainte. Ce droit des ascendants n'a pu du reste commencer que tard sous la législation romaine.

Dans le principe, sous la loi des Douze Tables, les enfants *alieni juris* ne pouvaient avoir aucune hérédité ; à leur mort, le chef de famille reprenait, comme lui appartenant, tous les biens qu'ils avaient à leur disposition[4].

---

[1] L. 36, § 2, ff., *De testam. milit.; C.*, l. 9, *de inoff. testam.*
[2] L. 24, ff., *De inoff. testam.*
[3] L. 1, ff., *De milit. testam.*
[4] Ulp., *Regul.*, 20, § 10.

Or, comme le descendant ne pouvait devenir chef et par conséquent susceptible de laisser une hérédité que par la mort de tous ses ascendants paternels, puisque, tant qu'il en restait un, il passait successivement sous leur puissance, il s'en suivait qu'il ne pouvait jamais être question d'ascendants dans la succession légitime d'un chef de famille.

Des modifications furent apportées à ce droit rigoureux, les pécules *castrans* et *quasicastrans* permirent aux fils de famille d'avoir une espèce d'hérédité testamentaire qui trop souvent n'existait que de nom.

Ce ne fut que par les Constitutions impériales de Théodose et de Valentinien, de Léon et enfin de Justinien qu'un droit de succession *ab intestat* exista pour les fils de famille; cette succession *ab intestat* fut limitée aux biens qui provenaient de la mère, par donation, legs ou autrement; sur ces biens seuls, les ascendants purent exercer un droit de succession qui cessa d'être une simple conséquence du droit de puissance paternelle[1].

« *Sin autem idem nepos superstitibus tam patre quam avo paterno diem suum sine liberis obicrit: eorum dominium quæ ad ipsum ex matre, vel ab ejus linea pervenerint, non ad avum sed ad patrem ejus perveniat: usufructu videlicet in hujusmodi casibus avo (dum supererit) reservando* [2]. »

Nous voyons par ce texte, qu'une réserve était accordée aux ascendants; cette réserve manquait-elle, ils avaient le droit d'intenter l'action d'inofficiosité.

---

[1] Voir sur ce point *Inst.*, *Quibus non est permissum facere testamentum.*

[2] L. 61, *C. de bonis quæ liberis in potestate patris constitutis ex matrimonio, etc.*

« *Omnibus enim, tam parentibus quam liberis, de inofficioso licet disputare* [1]. »

53. Ajoutons, en terminant, que, dans tous les cas
où l'omission équivaut à l'exhérédation et ouvre la
plainte, il faut qu'elle soit faite sciemment. Si cette
omission était la suite d'une erreur, par exemple, si le
militaire croyait mort l'enfant qu'il avait omis, l'on ne
pouvait voir dans l'omission l'intention d'écarter l'héritier, et dès lors l'omission équivalait, non pas à une
exhérédation, mais à un défaut d'exhérédation dans le cas
où elle était nécessaire, et le testament tombait. En un
mot, l'omission faite sciemment et à dessein équivaut
à une exhérédation, mais l'omission par erreur ne révèle
nullement une intention d'exhérédation et amène dès
lors une nullité [2].

3. *Effets particuliers à chaque action.*

54. Tout ce que nous avons à dire ici est subordonné
aux distinctions précédemment établies entre la plainte
d'inofficiosité, l'action en réduction et l'action en supplément, dont nous connaissons les causes particulières d'existence. En laissant de côté l'influence que le
caractère de chacune de ces voies de recours peut avoir
sur l'étendue des effets produits, signalons quels sont
ces effets.

55. L'effet le plus général de la plainte est de faire
tomber le testament, de l'annuler, ainsi que toutes les
dispositions qui s'y trouvaient comprises; le testament
annulé, rompu, la succession du testateur devenait *ab*

[1] L. 1, ff.. *De inoff. testam.*
[2] L. 7, l. 33, § 2, l. 36, § 2, *De testam. militis.*

intestat, et revenait aux héritiers du sang. Tel était le droit primitif. La plainte d'inofficiosité admise ; « *omnia observari debent ac si hereditas ab instituto hærede adita non fuisset et ideo petitio integra debiti hæredi instituto adversus eum qui superavit competit ; item compensatio debiti, item nec legata debentur et soluta repetuntur ; fideicommissa autem debentur ex Scevolæ opinione quam Paulus non probat*[1]. »

Quant aux affranchissements, ils suivaient la destinée du testament ; ce dernier était-il annulé ; les affranchissements partageaient son sort, et cela quand même, par une clause formelle, le testateur, ayant prévu les faits, en aurait autrement ordonné[2].

Cette identité de destinée, entre l'institution et les dispositions accessoires du testament, cessait dans plusieurs hypothèses ; ainsi, quand le défaut d'institution était le résultat d'une erreur : « *cum mater filium falso audisset decessisse,* » le fils n'obtenait la succession qu'à charge d'exécuter legs et affranchissements[3]. Il en était de même quand la sentence d'inofficiosité avait été prononcée en l'absence de l'institué ; dans ce cas, le testament se trouvait bien annulé, mais seulement quant à l'institution ; on punissait seulement l'absent de sa non-présence, et il eût été injuste de faire pâtir des légataires, des fidéicommissaires, d'une faute qui leur était complétement étrangère[4] ; le testament n'était donc annulé que quant à l'institution d'héritier, et restait valable quant aux autres dispositions testamentaires[5].

[1] L. 21, ff., *De inoff. testam.*, § 16 ; l. 8, ff., *hoc tit.*; l. 13, ff., *hoc tit.*
[2] L. 13, ff., *hoc tit.*
[3] L. 28, ff., *hoc tit.*
[4] L. 17, § 1, l. 18, ff., *hoc tit.*
[5] L. 14, § 1, ff., *De appellationibus.*

Quelques cas d'exception étaient relatifs uniquement aux affranchissements; ainsi, dans le cas où la plainte eût été faite après le délai de cinq ans, qui l'éteint ordinairement, les affranchissements, ayant déjà été opérés, subsistaient, et l'héritier était en demeure : « *sed viginti aureos a singulis præstandos victori*[1].»

Mais toutes ces exceptions, à l'effet général de la plainte, et d'autres encore devaient disparaître avec Justinien, qui étendit à toute plainte ce qui ne se passait avant lui qu'exceptionnellement, et déclara qu'à l'avenir l'institution seule tomberait, toutes les autres dispositions testamentaires devant être exécutées par l'héritier du sang réussissant dans son action.

« *Si vero contigerit in quibusdam talibus testamentis quædam legata, vel fideicommissa aut libertates aut tutorum dationes relinqui, vel qualibet alia capitula concessa legibus nominari, ea omnia jubemus adimpleri, et dari illis quibus fuerant derelicta et tanquam in hoc non rescissum obtineat testamentum,.... si quid autem pro legatis, sive fideicommissis..... aut quibuslibet aliis capitulis, in aliis legibus inventum fuerit hinc constitutione contrarium, hoc nullo modo volumus obtinere.* »

56. Mais il fallait, pour que ces effets se produisissent, que la qualité de l'institué, poursuivi par les héritiers du sang, ne mît pas obstacle à l'exercice de l'action. La nature de l'action, ou plutôt la cause fictive qui lui donnait naissance, s'opposait à ce qu'elle fût passible contre un héritier nécessaire institué. En effet, l'action du testament inofficieux se fonde sur une espèce d'injure que les personnes déshéritées ou omises prétendent avoir reçu

---

[1] L.. 8, § *fine*, ff., *hoc tit.*

du défunt, et l'institution d'un héritier nécessaire, faite par le testateur, ayant pour but d'éviter aux héritiers légitimaires la honte de voir les biens vendus en leur nom, ne permet pas de découvrir dans cette institution une injure faite aux héritiers légitimes et, par conséquent, matière à la plainte d'inofficiosité. « *Qui facultates suas suspectas habeat solent servum suum primo vel secundo vel etiam ulteriore gradu heredem instituere, ut si creditoribus satis non fiat potius ejus heredis bona quam ipsius testatores a creditoribus possideantur, vel distrahantur, vel inter eos dividantur*[1].» Aussi, en parlant de la plainte, les textes disent-ils : « *excepto servo necessario herede instituto*[2].» Une institution de ce genre, loin d'être une injure pour la famille, est plutôt un acte de pieuse prévoyance de la part du père, qui soustrait ses enfants à la honte, en mettant à leur place un esclave. Il est clair dès lors que cette exception n'aurait pas lieu, si la succession était bonne, l'institution de l'esclave n'étant qu'un détour employé par le père pour frauder ses enfants[3].

Quelque chose d'analogue, mais pour des raisons toutes différentes, a lieu en cas de substitution pupillaire. La substitution pupillaire est l'institution d'un héritier faite par le chef de famille dans son propre testament, pour l'hérédité du fils impubère soumis à sa puissance en cas que ce fils, lui survivant, meure avant d'avoir atteint l'âge de puberté; les héritiers de l'impubère ne pourront pas intenter l'action d'inofficiosité contre ce testament. La pupille, en effet, n'a pas testé;

---

[1] *Inst.*, § 1, *De heredum qualitate.*

[2] *C.* 27 *de inoff. testam.*

[3] *Pandectes*, Pothier, *hoc tit.*, ch. 1er, § 2, no 9.

ce testament, que le père a fait pour lui, est une institution secondaire dépendant d'une institution principale, et la plainte ne peut exister que du chef du père et non du chef du fils ; ceci est une conséquence toute directe de ce lien qui veut ces deux institutions dans un même testament.

« *Igitur in pupillari substitutione duo quodammodo sunt testamenta, alterum patris, alterum filii, tanquam si ipse filius sibi heredem instituisset, aut unum testamentum est duarum causarum, id est duarum hereditatum* [1]. »

Aussi le texte ne fait-il qu'une application quand, parcourant à propos de la plainte les diverses hypothèses possibles, il dit : « *Sed nec impuberis filii mater inofficiosum testamentum dicit : quia pater ei hoc fecit, et ita Papinianus respondit : nec patris frater, quia testamentum filii est ; ergo nec frater impuberis, si patris non dicit. Sed si in patris obtentum est, nec hoc valebit ; nisi pro parte patris rescissum est ; tunc enim pupillare valet* [2]. »

Le frère de l'impubère ne peut se plaindre de ce qu'un étranger ait été substitué ; mais il peut se plaindre d'avoir lui-même été omis ou exhérédé dans le testament qui contient la substitution, et alors il fait tomber le testament du père, la substitution tombe en même temps, et il pourra venir *ab intestat* à la succession de son frère.

Ce texte nous démontre que la plainte d'inofficiosité ne pourrait être portée contre le pupille étranger complétement au testament à lui imputé.

57. Signalons enfin les hypothèses que peut amener

---

[1] *Inst.*, l. II, t. XVI, § 5, *De pupillari substitutione.*
[2] L. 8, § 5, ff., *De inoff. testam.*

l'exercice de la plainte quand, plusieurs héritiers l'intentant, les uns réussissent dans leur action, les autres succombent. L'effet de ces deux sentences contraires à propos d'une même succession, sera de créer une exception à la règle, qu'on ne peut mourir *testat* et *ab intestat*. Les uns auront le droit de rescinder le testament, les autres seront forcés d'en reconnaître la validité; de nombreux textes nous autorisent à accepter cette décision[1].

«Filius, qui de inofficiosi actione adversus duos heredes expertus, diversas sententias judicum tulit et unum vicit, ab altero superatus est, et debitores conveniri et ipse a creditoribus conveniri pro parte potest, et corpora vindicare et hereditatum dividere; verum enim est familiæ erciscundæ judicium competere, quia credimus enim legitimum heredem pro parte esse factum, et ideo pars heriditatis in testamento remansit, etc.» Il n'en serait pas de même si de deux ou plusieurs ayants droit un seul agit, les autres renonçant à leur action. *«Si duo sint filii, exheredati et ambo de inofficioso testamento egerint, et unus postea constituit non agere, pars ejus alteri adcrescit[2].»*

«Solus ille qui egit, hereditatem poterit ab intestato obtinere, et rei judicatæ auctoritate uti, quia judices hunc solum in rebus humanis esse, recte putaverunt, nec judicium cum aliis datum est[3].

4. *Extinction de la plainte d'inofficiosité.*

58. Il ne nous reste ici que quelques mots à ajouter, quelques applications à signaler des principes déve-

[1] FF. 15, § 2, *De inoff. testam.*
[2] FF. 23, § 2, *hoc tit.*
[3] L. 17, ff., *De inoff. testam.*

loppés dans notre travail. Nous avons assez souvent mis en parallèle l'action en supplément et la plainte pour n'avoir pas besoin de montrer que les causes qui font perdre l'une sont toutes différentes de celles qui font perdre l'autre. Nous ne parlons ici que des causes qui font perdre la plainte et nous savons combien sont restreints les cas où elle subsiste dans le dernier état de la législation.

Le droit d'intenter la plainte d'inofficiosité se perd : 1° Quand le plaignant a transigé avec les héritiers; l'engagement de ne pas attaquer le testament comme inofficieux fait du vivant du testateur serait nul, mais après sa mort il peut y avoir transaction.

«*Si institua de inofficioso testamento accusatione de lite facto transactum est, nec fides ab herede transactionis præstatur, inofficiosi causam integram esse placuit*[1].»

2° S'il s'est désisté de son action : «*Si quis post rem inofficiosi ordinatam litem dereliquerit, postea non audietur*[2],» à moins que ce désistement n'ait été amené par le dol des institués[3].

3° S'il a reconnu comme bon et valable le testament, soit directement, soit indirectement, en recevant un legs ou en exécutant pour soi une des dispositions testamentaires : «*Si hereditatem ab heredibus institutis exheredati emerunt, vel res singulæ scientes eos heredes aut conduxerunt prædia, aliudve quid simile fecerunt vel solverunt heredi, quod testatori debebant, judicium defuncti agnoscere videntur et a querela excluduntur*[4].» Mais il faut que cette approbation soit personnelle à

[1] L. 27, ff., *De inoff testam.*
[2] L. 8, § 1, ff., *De inoff. testam.*
[3] L. 21, ff., *hoc. tit.*
[4] L. 23, ff., l. 31, § 4, *hoc tit.*

l'héritier et qu'il ne l'ait pas fait à un titre qui ne la lui rende pas opposable.

4° S'il a laissé écouler le délai fixé anciennement à deux ans seulement, comme l'atteste Pline le jeune[1], mais étendu plus tard à cinq ans : «*Plane si post quinquennium inofficiosum dici cautum est, ea magna et justa causa libertates non esse revocandas quæ competierunt, vel præstitæ sunt, sed viginti aureos a singulis præstandos victori*[2].

Au bout de ce temps, l'action du testament inofficieux est prescrite, le silence de l'ayant droit sert d'approbation au testament.

Nous ne ferons que signaler le dissentiment qui existait sur le point de départ de ce délai. Modestin le faisait courir à partir de la mort du *decujus ;* Justinien l'atteste au moins dans la loi 36, § 2, *C. de inoff. test.* Ulpien, au contraire, dont Justinien adopta l'opinion, voulait que le point de départ fût l'adition d'hérédité, afin que l'institué ne pût frauder le légitimaire en attendant pour faire adition que le laps de temps de la plainte fût écoulé. Cette protection du légitimaire fut encore accrue par la suspension qu'éprouve le délai lorsque l'héritier est mineur de vingt-cinq ans[3], et lorsqu'ayant deux actions, par exemple, si le testament n'est pas *jure factum*, il a employé à l'exercice de celle-ci le temps qui enlève la plainte ; dans ce cas, il conservera son droit[4].

5° S'il décède sans avoir intenté ni préparé l'action ; s'il l'avait préparée, c'est-à-dire s'il avait manifesté l'in-

---

[1] *Epist.*, I, *ad Severum*, l. V.
[2] L. 8, § 17, *hoc tit.*, ff.
[3] L. 2, *C in quibus causis in integ. restituentur.*
[4] L. 16, *C. hoc tit.*

tention d'agir et commencé des dispositions à cet égard, le droit de l'intenter passerait à ses héritiers [1] ; hors de là, l'action ne passe aux héritiers que dans deux cas, à moins que le défunt n'ait manifesté l'intention d'abandonner le procès d'abord commencé : *Non enim sufficit litem instituere si non in eá perseverit* [2]. » Si le litige est engagé, *per libelli donationem* pour les héritiers siens, *per aditam hereditatem aut agnitam possessionem bonorum* pour les autres.

Justinien enleva plus tard à cette cause d'exstruction un peu de sa sévérité. Il décida, par exemple, que la mort de l'héritier du sang n'enlèverait pas le droit d'exercer la plainte, lorsqu'elle arrivait pendant le temps laissé à l'institué pour délibérer. L'action dans ce cas, quoique non préparée, passe à la descendance de l'héritier, mais non à ses autres héririers [3].

Toutes ces causes d'exstruction spéciales à la plainte démontrent combien, malgré l'importance des intérêts à sauvegarder, cette voie de recours était entravée ; fondée qu'elle était sur une fiction attentatoire à la dignité du défunt, elle devait subir tour à tour l'influence du but qu'elle se proposait et des obstacles qu'elle tournait, mais ne renversait directement.

Ce caractère indécis explique les deux dernières dispositions que nous signalerons à propos de cette action. D'abord, dans le doute : si les juges se partageaient en égal nombre pour et contre, le testament était maintenu [4]. Si le légitimaire succombait dans son action, il

[1] L. 6, § 2, ff., *hoc. tit.*
[2] L. 15, § 1, ff., *hoc. tit.*
[3] LL. 34, 36, § 2, *C. de inoff. testam.*
[4] L. 10, *Proe.*, ff., *De inoff. testam.*

perdait à titre de peine tous les avantages que pouvait lui avoir fait le défunt, « *et id fisco vindicari, quasi indigno ablatum* [1] » Faveur et défaveur, telle a été toujours la destinée de cette action dont la pensée oscille toujours entre deux intérêts qui la sollicitent en sens contraire, l'intérêt de la puissance paternelle, l'intérêt de la famille.

[1] L. 8, § 14, ff., *hoc tit.*

DROIT FRANÇAIS.

De la quotité disponible entre époux.

59. L'incapacité mutuelle où se trouvaient à Rome les époux de recevoir l'un de l'autre, explique pourquoi l'on ne rencontre dans les lois romaines rien de spécial à la quotité disponible entre époux. Cette incapacité, dont l'on ne connaît qu'imparfaitement l'origine et les motifs, « *moribus apud nos receptum est ne inter virum et uxorem donationes valerent* [1] , » suffisait pour garantir les intérêts des enfants, quoique créée avant tout au profit des époux, « *ne mutuo amore invicem spoliarentur* [2] ; » elle n'était pas étrangère à l'intérêt des enfants, quoique leur absence n'en empêchât pas l'application : « *nec esset eis studium liberos patres educendi* [3] ; » mais, quels qu'aient été les motifs de cette prohibition, elle rendait inutiles les restrictions d'indisponibilité. On les eût comprises après le sénatus-consulte rendu par Caracalla en 206[4];

[1] L. 1, ff., *De donat. inter vir. et ux.*
[2] L. 1, ff., *hoc tit.*
[3] L. 2, ff., *hoc tit.*
[4] L. 32, ff, *hoc tit.*

mais le caractère mixte que ce sénatus-consulte donna aux donations qu'il permet entre époux, éloigna des préoccupations de ce genre. De toutes autres causes devaient à Rome, sinon empêcher, au moins retarder la création de règles restreignant le disponible en cas de deuxièmes noces. Quand Auguste eût porté les fameuses lois *Julia* et *Pappia Poppea*, les deuxièmes mariages furent non moins favorables que les premiers; l'intérêt des mœurs et de la population parlait alors plus haut que celui des enfants du premier lit. D'autres idées devaient apparaître dans la législation avec les empereurs chrétiens, et ce n'est qu'à partir de Théodose qu'on rencontre sur ce point des Constitutions, qui passèrent d'abord dans l'édit des deuxièmes noces de 1560 et de là en partie au moins dans le Code Napoléon. Ce sont ces deux sujets que le législateur romain ne connut pas, ou ne connut que tardivement, que nous nous proposons d'étudier : la quotité disponible entre époux et les effets des deuxièmes noces sur cette quotité.

CHAPITRE PREMIER.

ORIGINES ET VICISSITUDES DES LOIS SUR LA QUOTITÉ DISPONIBLE ENTRE ÉPOUX.

§ 1er. *Des liberalités entre époux à l'époque des Coutumes.*

60. Avant d'aborder directement notre sujet, quelques mots sur les principes constituant l'état des biens des époux pendant le mariage dans notre ancien droit; ces aperçus sont des préliminaires indispensables à l'étude des conditions sous lesquelles ces biens pourront devenir l'objet de libéralités entre époux.

Le droit romain n'est pas à étudier à part pour chercher ce qu'il nous a légué sur ce point ; les rares textes qui s'y rapportent appartiennent au Bas-Empire et vont se retrouver devenus législation nationale dans notre ancienne France. On sait en effet que deux législations, le droit écrit et le droit coutumier, se partageaient la France ; la Loire était à peu près la ligne séparative des deux grands domaines de ces législations.

61. Dans les pays de droit écrit, nous retrouvons la législation romaine, d'après laquelle tous les biens se divisaient en dotaux et en paraphernaux, et qui n'admettait entre les époux de société de biens qu'autant qu'elle avait été établie par une convention spéciale. En même temps, nous y voyons une nouvelle institution : outre sa dot, la femme survivante peut prendre dans la succession de son mari une valeur qui variait suivant la nature de cette même dot et qu'on appela *augment de dot*, et qui tenait lieu dans les pays de droit écrit du douaire des pays des Coutumes.

Cet augment était légal ou conventionnel. Le *quantum* était proportionné à la dot qu'avait apportée la femme, et variait suivant la nature de cette dot ; si elle était immobilière, l'augment était du tiers ; si elle était mobilière, de la moitié ; l'augment était de pleine propriété s'il n'y avait d'enfant du mariage ; dans le cas contraire, il ne consistait qu'en usufruit, sauf la réserve d'une part virile en pleine propriété. Cet augment était dû à compter du contrat de mariage lorsqu'il y avait été stipulé, et à compter du mariage lorsqu'il était seulement légal. Les biens du mari étaient affectés au paiement de l'augment et ne pouvaient être hypothéqués ou aliénés à son préjudice.

A côté de l'augment se trouvait le contre-augment, qui était pour le mari ce que l'augment était pour la femme ; il se prenait sur la dot de la femme et était soumis aux mêmes règles que l'augment. Cette institution ne pouvait exister dans le cas où la femme n'était pas dotée.

62. Tous les pays de droit écrit n'admettaient pas l'augment ; quelques-uns le remplaçaient par d'autres gains de survie, tels que les bagues et joyaux. Ces gains étaient fixés au dixième, vingtième et quelquefois au cinquième de la dot. D'autres gains étaient encore en usage, tels que les droits d'habitation, de pension viagère et de deuil en faveur de la femme. Le droit le plus important, le plus juste et le plus conforme à la nature du mariage, est le droit de succession accordé au conjoint pauvre. Ce droit, fondé sur la Novelle 53, ch. 6, de Justinien, donnait au conjoint pauvre un quart de la succession du prémourant ; ce droit, retiré au mari par la Novelle 117, lui fut rendu contrairement au droit romain. A côté de ces institutions et comme limite apportée à l'étendue que pouvaient avoir les libéralités dont il est question, la légitime des enfants et ascendants avait été conservée et réglée par la Novelle 18 ; les causes d'exhérédation étaient celles de la Novelle 115. Les frères et sœurs avaient les mêmes droits que suivant la loi romaine ; la plainte d'inofficiosité leur fut conservée, et, de plus, les donations entre époux se retrouvent sous l'empire de l'ancienne prohibition mitigée par le sénatus-consulte de Caracalla et par les Novelles sur les deuxièmes noces de Justinien [1].

---

[1] Voir Argou, *Introduction au droit français*, l. III, ch. 10.

63. Les pays coutumiers avaient adopté un système tout différent de celui des pays du droit écrit, en ce qui concerne les biens des époux ; le régime de la communauté de biens y était à peu près exclusivement en vigueur. La communauté des biens meubles et des conquêts immobiliers assurait au conjoint pauvre une portion des biens du plus riche et rendait inutile la Novelle 53. La femme associée aux affaires du mari avait aussi besoin d'une moindre protection ; cependant les dangers qu'avait pour elle l'administration souveraine du mari sur les biens de la communauté, avaient fait obtenir pour elle le douaire. Le douaire était dans le régime de la communauté ce que l'augment était dans le régime dotal ; il était soumis, pour ainsi dire, aux mêmes règles et jouissait de la même faveur. L'origine du douaire se trouve dans toutes les anciennes Coutumes des Germains. Les femmes, chez la plupart de ces peuples, étant incapables de succéder aux héritages de leurs parents, il était nécessaire que les maris pourvussent de leurs biens, après leur mort, à la subsistance de leurs veuves ; la loi Ripuaire, les lois des Saxons, Visigoths, Bavarois, Burgondes, parlent du douaire ; les Capitulaires en font mention [1]

Philippe-Auguste, au dire de Beaumanoir [2], fonda ou plutôt généralisa cette institution, en ordonnant en 1214 que la femme serait douée de la moitié de ce que l'homme avait lorsqu'il l'épousa [3].

---

[1] L. 7, cap. 179, *De collat. de Benedictus Levita : per consilium et benedictionem sacerdotis et consaltu aliorum bonorum hominum eam sponsare et legitime dotare debet.*

[2] Coutumier de Beauvoisis, ch. 13.

[3] *Inst. de Loisel*, édit. Dupin, t. I, p. 167.

Quoi qu'il en soit, le douaire, du temps de Philippe-Auguste, consistait dans l'usufruit ou la propriété d'une partie des héritages qui appartenaient au mari au jour du mariage, ou qui lui échéaient depuis en ligne directe. Cette quotité n'était pas fixe et variait suivant les Coutumes. Suivant les unes (Paris, Orléans), le douaire consistait dans l'usufruit de la moitié des immeubles appartenant au mari; suivant les autres (Anjou, Maine, Amiens), il consistait dans l'usufruit du tiers de ces immeubles; suivant d'autres (Touraine), il était fixé par relation à la dot que la femme apportait à son mari [1].

Le douaire n'était pas considéré comme une libéralité que le mari faisait à sa femme, c'était un devoir qu'il remplissait. En effet, en se mariant, l'homme contracte l'obligation de pourvoir sur ses biens, après sa mort, à la subsistance de sa femme au cas qu'elle lui survive; la loi laisse aux parties la liberté de régler elles-mêmes, par leur contrat de mariage, ce que l'homme doit laisser à la veuve; ce qu'elles ont réglé, est le douaire conventionnel. Lorsque les parties ne le règlent pas, la loi le règle elle-même; c'est alors le douaire coutumier. Le douaire n'est donc pas une donation; aussi les biens qui y étaient compris ne devaient-ils pas être imputés sur la quotité disponible et n'étaient-ils pas sujets à retranchement pour la légitime des enfants [2]. Le douaire était réputé donation dans le cas où, étant conventionnel, il surpassait le douaire légal et où le mari avait des enfants d'un précédent mariage. Les statuts qui réglaient ce douaire étaient des statuts réels; la

---

[1] Voir sur ces différentes Coutumes, Pothier, *Traité des donations entre mari et femme*, n°s 7-14.

[2] Arrêt du 27 mars 1629 (rapporté par Bardes, t. I.

femme ne prenait son douaire coutumier sur les biens situés dans le ressort de chaque commune que suivant les dispositions de la Coutume locale, et non suivant la Coutume de son domicile ou de celui de son mari [1].

64. On ne trouvait pas dans les pays coutumiers le contre-augment, ou le douaire constitué au profit du conjoint. Cette absence de réciprocité s'explique naturellement par la différence qui existait entre le régime dotal et le régime de la communauté. Sous le régime dotal, les époux conservaient leurs biens, les administraient, jouissaient, en un mot, de leur fortune; sous le régime de communauté, les biens des époux devenaient communs, le mari était le maître de la communauté, il l'administrait; tous les avantages étaient pour lui, la femme était la seule qui puisse posséder un gain de survie légal.

65. Une libéralité que presque toutes les Coutumes admettaient, était le don mutuel. Il consistait en une disposition faite par des époux depuis leur mariage, au profit du survivant, de l'usufruit de la totalité, ou seulement d'une portion des biens qui appartiendraient au prémourant lors de son décès. Cette disposition, ne pouvant produire d'effet qu'au moment du décès d'un des conjoints, était incertaine, et, quoique irrévocable, était une simple disposition à cause de mort. L'art. 280 de la Coutume de Paris en fait très-nettement ressortir le caractère: «Homme et femme, conjoints par mariage, étant en santé, peuvent faire donation mutuelle l'un à l'autre de tous leurs meubles et conquêts faits durant leur mariage, et qui sont trouvés leur appartenir et être communs entre eux à l'heure du trépas du premier

---

[1] Chabot de l'Allier, *Questions transitoires sur le Code Napoléon.*

mourant desdits conjoints, pour en jouir par le survivant, sa vie durant, en baillant caution suffisante de restituer les biens après son trépas; pourvu qu'il n'y ait enfants, soit des deux conjoints, soit de l'un d'eux, lors du décès du premier mourant.» L'égalité et la mutualité étaient donc deux caractères de ce don mutuel; et ces caractères le rapprochaient tellement des contrats à titre onéreux que Ricard[1] hésitait à y voir une libéralité, nature que lui reconnut positivement l'ordonnance de 1731 (art. 20). Cette égalité, qui devait exister non-seulement au point de vue de quotité donnée, mais encore au point de vue des espérances que les conditions d'âge ou de santé pouvaient rendre plus ou moins prochaines, était tellement essentielle, que son absence entraînait la nullité de la libéralité tout entière[2]. On comprend, par suite de ces principes, que le don mutuel ne pouvait être soumis aux règles restrictives, son caractère mixte devait l'y soustraire; d'ailleurs, n'étant possible qu'à défaut d'enfants au moment du décès des époux, le motif principal de l'indisponibilité ne pouvait exister à l'occasion d'un don mutuel valable. Cette dernière observation n'est exacte et concluante que pour le don mutuel ordinaire; il existait, en effet, un don mutuel particulier, possible en cas d'existence d'enfant, et fait dans le contrat de mariage des enfants[3]. «Père et mère, mariant leurs enfants, peuvent convenir que leursdits enfants laisseront jouir le survivant desdits père et mère des meubles et conquêts du prédécédé, la vie durant du survivant, pourvu qu'il ne se remarie, et

---

[1] *Don mutuel*, n° 2.

[2] Pothier, n°ˢ 141 et 131.

[3] Art. 281, Cout. de Paris.

n'est réputé tel accord avantage entre lesdits conjoints. »
Le but de ce don mutuel était d'encourager les parents à
marier et à doter leurs enfants, tout en assurant au survivant des moyens de subsistance; à la différence du
don mutuel ordinaire, il n'était pas soumis à la condition d'égalité absolue, et n'était possible que par contrat de mariage; mais ne pouvant porter que sur l'usufruit, n'étant qu'un arrangement provisoire dont profi-
taient les enfants eux-mêmes, on comprend que, même
avec ce caractère exceptionnel, il soit encore soustrait
aux règles ordinaires de restriction.

Expressément reconnu par les plus anciens monuments du droit coutumier qui nous soient parvenus[1],
il paraît même remonter plus haut, et n'avoir pas été
inconnue sous les rois de la première race, ainsi que le
font croire les formules de Marculfe[2]; il se lierait ainsi
aux premières origines de la communauté en France;
en effet, il avait pour but d'intéresser chaque époux à
la conservation et à l'extension des biens communs par
l'espérance d'obtenir la jouissance totale de ces biens.
Les règles de cette institution très-générale varient suivant les différentes Coutumes; chaque Coutume avait
son don mutuel : les unes, Coutume de Paris et autres,
n'autorisaient le don mutuel que dans les cas où les
conjoints étaient communs en bien, et n'avaient aucun
enfant lors de la dissolution du mariage. De plus, ces
Coutumes exigeaient que les époux fussent sains de
corps, que le don mutuel soit en usufruit et non en
propriété, qu'il y eût caution fournie par le donataire,
qu'il y eût égalité parfaite entre les choses que les con-

[1] Bouteiller, 1, 99.
[2] L. I, form. XII; l. II, form. VII..

joints se donnaient ; de plus, elles restreignaient ce don
aux biens de la communauté, et ne permettaient à l'é-
poux d'en jouir qu'après en avoir obtenu la délivrance
des héritiers. D'autres Coutumes, telles que celles de
Reims, de Péronne, admettaient le don mutuel sans
aucune condition ; d'autres enfin ne l'admettaient pas,
comme celles d'Auvergne et de Chartres (t. III, art. 4) :
« Don mutuel n'a point de lieu, et ne peuvent deux
conjoints par mariage donner aucune chose à l'autre. »
Les Coutumes de Mantes (art. 149), de Poitou (art. 213),
exigeaient que le don mutuel fût révocable du vivant du
donateur.

D'autres privaient du don mutuel le conjoint survivant qui avait des enfants et qui convolait en secondes
noces (Bretagne et Châteauneuf).

D'autres exigeaient que les époux fussent presque
égaux en âge (Cout. d'Auxerre), et que la différence
d'âge, existant entre eux, ne fût pas de plus de quinze
ou dix ans (Cout. du Nivernais, chap. 23, art. 27).

Les unes exigeaient une délivrance, les autres saisis-
saient le donataire de plein droit, lors du décès du prémourant (Bourbonnais).

La Coutume de Paris demandait une caution ; celle
de Blois l'exigeait seulement au cas de convol du survivant ; d'autres se contentaient d'un simple serment[1].

66. Les Coutumes, tout en permettant les libéralités entre époux, conservaient la légitime, et ne permettaient pas qu'elle fût entamée. Dans le droit coutumier, les descendants seuls possédaient une légitime ; la
quotité de cette dernière, d'après les Coutumes de Pa-

____

[1] Pothier, n° 118 et s.

ris et la plupart des autres, se montait à la moitié de ce que chaque enfant aurait eu, s'il n'y avait pas eu de dispositions testamentaires. Les frères et sœurs n'avaient pas de plainte d'inofficiosité ; mais on avait établi, sous le nom de *réserve coutumière,* une espèce de légitime en faveur de tous les héritiers d'une ligne, qui garantissait ordinairement à ces héritiers les quatre cinquièmes des propres advenus au défunt par cette ligne et par droit de succession.

67. Mais, indépendamment de cette règle, qui n'était ici que l'application aux époux des dispositions du droit commun, plusieurs règles spéciales existaient, limitant les libéralités entre époux. Nous ne parlons pas des Coutumes où toute libéralité était prohibée, sauf le don mutuel, pour lequel il ne pouvait être question de restriction d'indisponibilité, mais dans les autres de nombreuses divergences existaient.

Pothier, dont nous allons suivre la méthode, a classé les Coutumes en quatre classes[1]. Dans la première se trouvent les Coutumes de Paris, d'Orléans, etc., qui défendaient toute espèce de libéralités, soit testamentaires, soit entre vifs, sauf le don mutuel. « Homme et femme conjoints par mariage, constant icelui, ne se peuvent avantager l'un l'autre par donation entre vifs, par testament ou ordonnance de dernière volonté ni autrement, directement ni indirectement, sinon par don mutuel, comme il est dit aux art. 280 et 281 » (Cout. de Paris, art. 282). La deuxième classe comprenait les Coutumes qui, outre le don mutuel, permettaient les donations par testament ; et encore, parmi celles-là,

---

[1] Pothier, *Traité des donations entre mari et femme* (7-14).

il y a des distinctions à faire : les unes, comme celle de Mantes, exigeaient pour la validité des dispositions testamentaires qu'il n'existât pas d'enfants ; d'autres, comme celle d'Amiens (t. V, art. 106), réduisaient, au cas d'enfants, le legs à l'usufruit des choses léguées ; d'autres enfin, comme celles de Chartres (ch. 17, art. 91), Dreux (t. XVIII, 81), Ponthieu (t. II, 24), Reims[1], ne distinguaient pas. En outre, cette dernière ne permettait de léguer en propriété que des meubles et des conquêts ; pour les autres biens, l'usufruit seul en était disponible ; au contraire, les autres Coutumes précitées permettaient de donner autant au conjoint qu'à un étranger.

Dans la troisième classe se trouvaient les coutumes qui permettaient aux conjoints les donations entre vifs, comme les donations testamentaires, pourvu que le disposant fût mort sans les avoir révoquées ; de ce nombre étaient les Coutumes de Poitou et de Touraine. Enfin, dans la quatrième classe se trouvaient les Coutumes plus favorables aux époux, qui leur permettaient de se faire des donations entre vifs véritables ; mais avec quelques restrictions quant à la nature et à la quotité des biens pour le cas où il y avait des enfants ; telles étaient les Coutumes d'Augoumois, de Montfort, de Noyon, etc.

68. Une telle diversité dans les Coutumes rendait intéressante la question de savoir si toutes ces dispositions constituaient des statuts réels ou personnels, réglaient la disponibilité des biens, ou la capacité des personnes. Nous n'avons qu'à indiquer, plutôt qu'à traiter,

---

[1] Cout. de Reims, art. 291. (De la moitié de leur naissant et acquêts, faits auparavant leur mariage en usufruit seulement.)

les rapports de notre sujet avec cette question capitale d'application des Coutumes.

On sait à quels débats donna lieu cette question de statuts, alors que la multiplicité des Coutumes faisait, comme dit Voltaire, changer de lois comme de chevaux de poste. La Coutume est-elle territoriale, qu'arrive-t-il en cas de conflit de Coutumes? Le droit romain, cet éternel droit subsidiaire en cas de silence de la Coutume, faisait ici défaut. Les barbares avaient apporté le système de la personnalité des lois, puis les lois barbares étaient devenues territoriales sous le nom de *Coutumes;* le doute était grand. On sait quelle rude guerre se livrèrent sur ce point Dumoulin et Dargentré; Dumoulin posait la territorialité de la Coutume comme règle, elle est souveraine en son enclave et sans force au dehors; sauf si la convention des parties déroge à ce principe, ou s'il s'agit de règles de capacité; dans ce dernier cas, la loi d'origine seule fait autorité; Dargentré, cet émule jaloux de Dumoulin, par esprit de contradiction, rejeta la force de la Coutume au dehors, mais ses critiques tombèrent, et ce ne fut que sous un autre rapport qu'il porta la lumière dans cette thèse. Il remarqua que les règles de capacité provenaient de deux causes différentes: les unes étaient portées dans l'intérêt de l'individu, les autres dans un but de conservation de biens, quand elles restreignent les droits d'administration ou de disposition du propriétaire. Or, quand la capacité se lie à la question de disponibilité, le statut personnel ne prend-il pas une teinte de réalité. C'est ici le siége de la question pour notre sujet.

Dargentré en fit des statuts mixtes. « *Statutum disponit de personis, de rebus aut conjunctim de utrisque.* »

La doctrine de Dumoulin était admise pour les statuts réels et personnels; la lutte se concentra sur le caractère des statuts mixtes. Dargentré, repoussant systématiquement la force de la loi hors de l'enclave, réglait les questions mixtes par la loi territoriale; mais sa doctrine était un contre-sens au mot qu'il avait inventé lui-même; l'expression de statuts mixtes indiquait au moins une participation aux deux droits, il y avait une grave question à résoudre. Il était réservé à Daguesseau[1] d'établir les données de la solution; les questions mixtes n'existent pas, elles ne sont que celles où le caractère de personnalité ou de réalité se distingue difficilement; mais partout et toujours l'un de ces deux caractères l'emporte et imprime son cachet à la loi. Ce à quoi il faut s'attacher pour sortir d'embarras, c'est au but final de la loi, et non aux moyens qu'elle emploie pour arriver à ce but. Établit-elle une incapacité résultant de l'état de la personne ou fixant cet état, la restriction apportée au droit de propriété n'étant qu'accessoire à l'idée de la personne, pas de doute possible, la loi est personnelle; ne parle-t-elle de la personne que pour arriver à fixer l'état des biens que celle-ci possède, en laissant sa capacité intacte du reste; le caractère de réalité domine, la loi devient réelle. Et, si une règle pouvait être invariable en pareille matière, je dirais: la loi, qui s'occupe à la fois de la personne et des biens, a-t-elle pour but l'intérêt de la personne dont elle limite les droits de disposition, la loi est personnelle; a-t-elle pour but l'intérêt d'autres que de cette personne, la loi est réelle.

Dès lors, pour vider la question en ce qui concerne

[1] *Plaidoyer*, § 4.

notre sujet, il suffit de séparer dans les règles que nous rappelons, celles qui constituent des incapacités, celles qui constituent des indisponibilités, distinction facile à faire d'après les données posées au commencement de notre travail. Le désaccord qui existait sur le principe de la distinction existait aussi sur l'application. Ricard[1] voyait dans les règles coutumières que nous avons rapportées, des questions de capacité et de statut personnel. Pothier[2] y voyait des statuts réels, et nous nous rangeons de son avis, car il y avait évidemment là une préoccupation de conservation de biens dans les familles, distincte à tous égards de la capacité des propriétaires. Or, de là il résultait que le changement de domicile ne pouvait pas soustraire les époux à la prohibition de la Coutume dans l'enclave de laquelle les biens étaient situés.

§ 2. *Effets des deuxièmes noces sur les libéralités entre époux.*

69. Toutes ces règles ne répondaient pas à une théorie unique, et les restrictions au droit de disposer qu'elles prononçaient, constituaient tantôt des incapacités, tantôt des indisponibilités.

Il n'en est pas de même des principes contenus dans l'édit des deuxièmes noces, où nous allons rencontrer à proprement parler la théorie du disponible, au moins au cas de deuxièmes mariages. Cet édit fut rendu par François II, sous l'inspiration de l'illustre chancelier L'Hôpital, pour limiter les libéralités que pouvaient se

---

[1] *Don mutuel*, n° 328.
[2] *Donations entre mari et femme*, n° 2) et suiv.

faire les époux avant le mariage et dans le contrat de mariage.

Ces libéralités que les époux pouvaient se faire en toute liberté, offraient de graves dangers lorsqu'un des époux avait déjà des enfants d'un précédent mariage. Cet édit remit en vigueur dans toute la France les sages dispositions des trois Constitutions impériales connues sous les noms de *Fœminæ quæ*, *Generaliter* et *Hâc edictali*, depuis longtemps suivies dans le Midi.

70. La constitution *Fœminæ quæ*, rendue sous Théodose Ier en 382[1], ordonna que les veuves conservassent à leurs enfants du premier mari les biens qu'elle tenait de celui-ci, quelle que soit la nature de ces biens ; dons de fiançailles, donations à cause de noces ou à cause de mort, institutions d'héritier, legs, fidéicommis, donations entre vifs, se trouvaient soumis à ces prohibitions. La veuve ne devait, sous aucun motif, aliéner ces biens ; dans le cas où elle l'avait fait, elle en devait récompense sur ses propres biens ; l'usufruit seul lui appartenait, et ce n'est qu'à la mort de ses enfants qu'elle pouvait en acquérir la propriété. La Constitution *Generaliter,* rendue sous Théodose II (an 442)[2], étendit aux hommes veufs les dispositions de la Constitution précédente ; elle ajouta encore aux dispositions précédentes, en accordant ce bénéfice aux enfants, même au cas où ils ne seraient pas héritiers du prémourant.

71. Les prohibitions des Constitutions précédentes ne suffisant pas pour protéger les enfants du premier mariage, une Constitution *Hâc edictali*, rendue par les em-

---

[1] *C.*, l. 3, *de secundis nuptiis.*
[2] *C.*, l. 5, *pr. de secundis nuptiis.*

pereurs Léon et Anthémius[1] (an 469), défendit à l'époux remarié de donner au nouvel époux par donation à cause de noces ou par constitution de dot, par testament ou par donation à cause de mort, une portion de biens plus considérable que celle que recueillerait chaque enfant de l'un ou de l'autre lit, et même que celle de l'enfant, le moins prenant au cas où, par suite d'avantages, les enfants au raient des parts inégales.

72. Cet édit avait deux chefs.

Premier chef. «Ordonnons que femmes, veuves, ayant enfants ou enfants de leurs enfants, si elles passent à de nouvelles noces, ne peuvent et ne pourront, en quelque façon que ce soit, donner de leurs biens, meubles, acquêts ou acquis par elles d'ailleurs que de leurs maris, ni moins leurs propres, à leurs nouveaux maris, père, mère ou enfants desdits maris, ou autres personnes qu'on puisse présumer être par dol ou fraude interposées plus qu'à l'un de leurs enfants ou enfants de leurs enfants, et, s'il se trouve division inégale de leurs biens faite entre leurs enfants ou enfants de leurs enfants, les donations par elles faites à leurs nouveaux maris seront réduites et mesurées à la raison de celui des enfants qui en aura le moins.»

Ce premier chef restreignait à une part d'enfant le moins prenant les avantages que l'époux qui passait à de deuxièmes noces, ayant un ou des enfants d'un premier mariage, pouvait faire à son deuxième époux; il ne parlait que de la femme; mais la jurisprudence des parlements combla bientôt cette lacune[2], et déclara que l'édit com-

---

[1] *C.*, l. 6, *de secundis nuptiis.*
[2] Arrêt de réglement du 18 juillet 1587.

prenait tant les maris que les femmes convolant à de deuxièmes noces.

Certaines personnes, à cause d'une présomption d'interposition, ne pouvaient non plus recevoir de l'époux convolant en deuxièmes noces; c'étaient, suivant l'édit, le père, la mère et les enfants du nouvel époux. On entendait par enfants....ceux qu'il aurait eu lui-même d'un précédent mariage, et non des enfants communs qui avaient par leur seule qualité des titres suffisants à l'affection et aux libéralités de chacun de leurs auteurs.

Ricard fait cependant observer que les donations seraient réductibles, si elles paraissaient faites dans l'esprit de gratifier plutôt le père que les enfants [1].

On était aussi très-sévère quant aux conventions faites sous la forme de contrat onéreux avec le nouvel époux, soit avant, soit pendant le mariage; la renonciation à un droit acquis était encore considérée comme un avantage indirect [2].

73. Cette prohibition n'existait plus à la dissolution du mariage, ou à la mort sans postérité des enfants du premier lit. L'édit frappait toute donation directe et même toute donation réciproque et d'égale valeur que s'étaient fait les époux; il atteignait aussi toutes donations indirectes, notamment celles qui résultaient de conventions matrimoniales. Ainsi le douaire, la dot, l'augment, le contre-augment, les bagues et joyaux et autres gains nuptiaux étaient réductibles à la portion fixée par l'édit, lorsqu'ils étaient conventionnels. La réduction n'avait pas lieu pour les avantages que la loi

[1] L. 49, ff., *De donat. inter vir et ux*; deux arrêts du parlement de Paris, 8 juillet 1496, 24 mai 1654.

[2] Chabot de l'Allier, *Questions transitoires*, 2e noc.

conférait elle-même, tels que le douaire coutumier,
l'augment légal; la simple stipulation de communauté
de biens n'était pas considérée comme un avantage au
profit du nouvel époux, quand les apports des deux
époux étaient égaux, soit par convention, soit par événement. Le deuxième époux ne pouvait pas, d'après
l'édit, prendre plus que celui des enfants qui avait le
moins. Il faut entendre cette règle en ce sens que chaque
enfant avait au moins la légitime; car, si un enfant voulait bien se contenter d'une portion moindre que la légitime, l'époux donataire n'avait pas moins droit à la
portion que l'enfant devait avoir. La succession se partageait par souches, le mari prenait autant que la souche
qui en prenait le moins; lorsqu'une donation faite à un
deuxième conjoint excédait les bornes de l'édit, la loi
accordait aux enfants une action révocatoire pour faire
retrancher de la donation l'excédant; le retranchement
se faisait au profit des enfants. Cependant, s'il n'existait
plus d'enfants du premier lit capables de succéder, la
réduction ne pouvait être demandée par les enfants du
deuxième lit. En effet, ces derniers ne peuvent y être
admis que lorsqu'ils concourent avec des enfants du
premier lit, parce qu'il est certain que c'est en vue de
ces enfants, pour leurs intérêts, pour empêcher qu'ils
ne fussent dépouillés en faveur d'un deuxième mariage,
que les lois ont ordonné la réduction des donations
faites aux nouveaux époux. Pour exercer ce droit de réduction, les enfants n'avaient pas besoin de posséder
la qualité d'héritier, et pouvaient même se présenter
quand ils avaient renoncé à la succession. Les enfants
en effet, possédaient ce droit en vertu des lois sur les
deuxièmes noces, et non des lois sur la succession; la

loi et non le défunt leur avait conféré ce droit; il en résultait que les objets dont les enfants obtenaient le retranchement sur la donation faite au nouvel époux, ne s'imputaient pas sur la légitime de droit qui appartenait à ces enfants. Les enfants incapables de succéder, ou exclus de la succession, ne pouvaient exercer le droit de réduction; on ne considère que le moment du décès du donateur et non le moment de la donation [1].

74. La donation faite à l'époux transmettait la propriété à ce dernier, quand bien même elle tombait sous le coup de l'édit, et conférait à l'époux donataire les droits de propriétaire [2]. Les enfants étendaient alors leur action révocatoire et au donataire et aux tiers détenteurs des biens sujets à retranchement. Pour juger s'il y a lieu à retranchement, on liquide la succession du donateur, on procède à l'estimation de tous les biens meubles et immeubles dont elle est composée, ainsi que de tous les objets qui avaient été donnés; la masse faite, le partage s'effectue entre les enfants, et l'époux prend une part équivalente à la part de l'enfant le moins avantagé.

La femme ne pouvait donner que la part d'un enfant à tous ses maris; ainsi, une fois qu'elle avait donné cette part, elle ne pouvait plus rien donner aux autres.

75. *Deuxième chef de l'édit.* « Et au regard des biens à icelles veuves, acquis par dons et libéralités de leurs défunts maris, icelles n'en peuvent et ne pourront faire part à leurs nouveaux maris, ainsi elles seront tenues de les réserver aux enfants communs d'entre elles et leurs maris,

---

[1] Ricard, *Traité des donat*, p. 3, ch. 9, n° 1275; Lebrun, ch. 5, n° 1.

[2] Pothier, Introduction au t. IV de la Cout. d'Orléans, ch. 9, n° 167.

de la libéralité desquels iceux biens leur seront advenus; la semblable voulons être gardé ès-biens qui sont venus aux maris par dons et libéralités de leurs défuntes femmes, tellement qu'ils n'en pourront faire don à leur deuxième femme; mais seront tenus de les réserver aux enfants qu'ils auront reçus de leur première.»

Ce deuxième chef de l'édit déclarait que tout ce qu'une femme avait reçu des dons et libéralités de son défunt mari, devait être entièrement réservé aux enfants de son premier mariage, sans qu'elle en pût donner quoi que ce soit à ses autres maris; il en était de même pour les hommes.

La jurisprudence étendait par ces mots *dons et libéralités*, non-seulement les donations proprement dites ou testamentaires, mais aussi tous les avantages résultant de la précédente convention matrimoniale. Le préciput conventionnel, le douaire coutumier quand il dépassait le douaire légal, l'inégalité des apports originaires ou des successions mobilières échues pendant le mariage[1], profitables au nouvel époux, se trouvaient atteints par l'édit. Toute donation faite au nouvel époux, contrairement à l'édit, n'était pas sujette à réduction, mais était nulle; le premier époux ne pouvait, en faisant la donation, remettre la peine portée par l'édit des deuxièmes noces, et permettre à son conjoint de disposer même en cas d'enfants de la propriété des biens qu'il lui avait donnés en faveur du nouvel époux auquel il s'unirait. Plusieurs parlements, tels que ceux de Toulouse et de Bordeaux, en se fondant sur les lois romaines, Nov. 22, admettaient cette proposition et la considéraient comme

---

[1] Ricard, III, 1343; Pothier, n° 606.

valable; d'autres, tels que celui de Paris, annulait cette proposition, en déclarant que l'édit des secondes noces, de 1562, loi publique, devait avoir beaucoup plus d'autorité en France que les lois romaines. L'édit, contrairement aux Constitutions romaines, laissa à l'époux remarié la propriété des biens à lui provenus de son premier mari, et l'obligea à les conserver aux enfants, qui furent ainsi appelés à une véritable substitution légale[1].

A la mort de l'époux, la substitution était ouverte au profit des enfants du donateur, qui étaient censés tenir les biens directement de lui; aussi n'était-il pas nécessaire qu'ils vinssent à la succession du grevé pour recueillir la snbstitution et exclure les enfants du second mariage[2], même il n'était pas nécessaire qu'ils fussent héritiers du donateur, ces biens leur ayant été concédés par la loi, à leur titre d'enfants[3]. Les petits-enfants étaient forcés d'être les héritiers de leur père pour pouvoir demander la portion des biens qui avaient été réservés par le convol de leur aïeul. Les enfants et leurs descendants décédés avant l'époux grevé de la substitution, rendaient à ce dernier toute sa liberté d'action, et l'époux pouvait disposer de ces biens au profit soit d'étranger, soit de son conjoint[4].

76. Les Coutumes admettaient les dispositions de l'édit; les Coutumes de Paris (art. 279) et d'Orléans (art. 203) enchérissaient encore sur le deuxième chef de l'édit, en décidant qu'à l'égard des conquêts faits avec ses précédents maris, la veuve ne pouvait en disposer aucune-

---

[1] Arrêt de règlement du 19 août 1715.
[2] Ricard, n° 1308; Pothier, 624.
[3] Ch. 26, § 1er de la Nov., 22.
[4] Lebrun, *Successions*, l. II, ch. 6, sect. 2, n° 15.

ment au préjudice de ses enfants issus desdits mariages, que néanmoins les enfants des subséquents mariages succéderaient auxdits conquêts avec les enfants des précédents mariages. On explique cette disposition en remarquant que, quoique ces biens ne pussent pas être considérés comme ayant été donnés par le mari à la femme, c'était grâce aux soins du mari que la communauté, et par conséquent la femme, avait été enrichie; que les biens de la communauté, fruits des soins du travail du mari, ayant été acquis en vue des enfants du mariage, devaient leur être conservés[1].

Du reste, cette extension de l'édit n'avait qu'un effet local, et ce n'étaient que les conquêts immobiliers situés dans les ressorts des Coutumes de Paris et d'Orléans qui étaient soumis à cette extension.

L'édit des deuxièmes noces ne parut pas assez sévère à Henri III, et en 1579 il rendit une ordonnance, connue sous le nom d'*ordonnance de Blois;* cette ordonnance avait pour effet de punir les veuves ayant des enfants d'un premier lit, qui épousaient des hommes indignes de leur condition. Toutes donations faites à ces maris étaient nulles, et les femmes qui les avaient commises, pouvaient être privées de la disposition de leurs biens.

§ 3. *Des libéralités entre époux d'après le droit intermédiaire.*

77. Les lois rendues depuis la révolution de 1789 jusqu'au Code Napoléon, modifièrent les anciens principes sur la transmission et la disposition des biens.

---

[1] *Quarante et unième plaid.* de Daguesseau, t. **IV, V.**

En les considérant, nous y trouvons une étrange anomalie. Enfantées par une révolution dont un des principaux buts fut de détruire l'ancien édifice social, et de faire circuler les biens concentrés depuis des siècles dans les mêmes familles, elles restreignirent dans les limites les plus étroites la faculté de disposer entre étrangers et parents, et favorisèrent la donation entre époux. La première loi qui nous occupe est celle du 5 brumaire an II; elle garantissait aux époux encore existants les avantages stipulés soit par leur contrat de mariage, soit par des actes postérieurs; dans le cas où il y avait des enfants de leur union, elle limitait ces avantages, quand ils consistaient en simple jouissance, à la moitié du revenu délaissé par l'époux décédé; quand ils consistaient en des dispositions de propriété, soit mobilière, soit immobilière, elle les restreignait à l'usufruit des choses qui en sont l'objet, sans jamais leur permettre d'excéder la moitié du revenu de la totalité des biens. La même disposition avait lieu à l'égard des institutions, dons ou legs faits dans des actes de dernière volonté par un mari à sa femme ou par une femme à son mari.

78. La loi du 17 nivôse an II ne fit que confirmer les dispositions de la loi du 5 brumaire; elle maintint ces restrictions dans le cas où l'époux avait des enfants, mais elle créa pour les époux un droit tout de faveur et d'exception.

L'antique prohibition, qui ne s'était guère affaiblie à travers les siècles et les législations successives, depuis Auguste jusqu'à l'entier développement du droit coutumier, se trouva levée tout d'un coup. Cette loi abolit, il est vrai, d'une manière implicite les douaires, augments de dot et tous autres gains matrimoniaux établis par les Coutumes, défendit de faire aucune libéralité aux successibles, et de donner aux étrangers plus d'un dixième des biens si le disposant laissait des ascendants ou des descendants, et plus d'un sixième s'il ne laissait que des collatéraux; de plus, elle eut un effet rétroactif et annula toutes les donations entre vifs de biens présents ou à venir faites depuis 1789.

Hostile aux dispositions entre étrangers et parents, elle les permit largement aux époux; elle ne frappa pas de nullité les dispositions postérieures à 1789, et permit aux époux, dans le cas où ils ne laisseraient d'enfants, de se donner irrévocablement la pleine propriété de leurs biens, quelle qu'en fût la nature. Existait-il des enfants, elle les renvoyait à la loi du 5 brumaire.

La réduction des dispositions entre époux n'existant que lorsqu'il y a des enfants, la présence d'ascendants ou de collatéraux n'apportait aucun empêchement aux avantages que les époux se concédaient. La loi de pluviôse an V permit à l'époux de donner l'usufruit de la moitié de ses biens à son conjoint, et de se défaire du dixième ou du sixième des biens au profit d'étrangers, suivant qu'il y avait des héritiers directs ou collatéraux. Quel fut le but de la loi du 17 nivôse? Ce fut celui de toutes les lois de la révolution. Son but fut d'empêcher la concentration des richesses dans les mains de quelques familles, et d'amener graduellement le nivellement des fortunes; de là ces prohibitions à l'égard des étrangers et des successibles. La sévérité même de cette loi fut la cause de son abrogation.

79. Le calme étant rétabli par la constitution de l'an VIII, la loi du 4 germinal, loi plus équitable, plus

simple et plus facile dans son exécution, vint restituer aux citoyens le droit de disposer de leurs biens dans une mesure plus rationnelle ; elle ne changea rien aux principes qui réglaient les dispositions entre époux, elle bouleversa complétement les règles de la quotité ordinaire, elle permit à l'époux ayant moins de trois enfants de disposer du quart de ses biens, et ainsi de suite, de manière que le donataire eût toujours une part d'enfant. Dans le cas où il n'y aurait qu'ascendants, frères et sœurs et descendants d'eux, la quotité pour l'époux était de moitié ; des trois quarts, s'il y avait des oncles, grands-oncles, cousins-germains ou descendants d'eux.

80. Tels sont les antécédents que l'ancienne législation offrait aux rédacteurs du Code, antécédents épars dans leurs sources, divers dans leurs applications.

Voyons maintenant comment cette matière fut réglée, lorsqu'en France le droit civil fut ramené à l'unité dans le Code Napoléon.

CHAPITRE II.

DE LA QUOTITÉ DISPONIBLE ENTRE ÉPOUX, D'APRÈS LE CODE NAPOLÉON.

81. Les quelques articles que le Code Nopoléon consacre spécialement à ce sujet, les art. 1094, 1098, 1099 et 1100, sont loin de suffire pour constituer uue théorie complète. Il est vrai qu'en les examinant seuls, on pourrait y trouver à la rigueur une règle pour chacune des hypothèses possibles, pour chacune des positions de famille que peuvent occuper les époux, dont il s'agit de fixer les droits. L'art. 1094 du Code Napoléon s'occupe en effet du cas où l'époux donateur laisse des des-

cendants, du cas où, à défaut de descendants, il laisse
des ascendants, et l'art. 1098 prévoit le cas où il laisse
des enfants d'un précédent mariage ; ces deux articles
réunis suffisent donc pour fixer l'effet de la présence de
réservataires sur les droits du disposant. Mais de nombreuses difficultés surgissent quand, au lieu d'étudier
ces articles à part, on veut les rattacher à la théorie générale d'indisponibilité, telle qu'elle résulte des art. 913
et suivants du Code Napoléon. Ces art. 1094 et 1098 du
Code Napoléon écartent-ils, au cas de donations entre
époux, toute application des règles ordinaires ; faut-il
décider par les dispositions qu'ils édictent toutes les
questions du disponible entre époux ; ou bien, en limitant l'effet de ces dispositions à quelques hypothèses,
laisser les autres sous l'empire du droit commun ; en un
mot, ces deux articles constituent-ils une théorie à part
et complète, ou bien ne sont-ils que des dispositions
d'exception complétant ou modifiant le droit commun,
dont la connaissance serait nécessaire à une saine interprétation de ces articles. Pour répondre à ces différentes questions, il faut avant tout chercher à connaître le motif qui a édicté ces articles, les causes de leur
insertion dans la loi ; car de là dépendra le point de savoir quel rapport existe entre le disponible du droit
commun et le disponible entre époux, rapport qui, une
fois connu, nous dira si la théorie spéciale se suffit à
elle seule, ou n'est qu'une modification du droit commun, et, dans ce dernier cas, nous montrera les emprunts que la théorie spéciale doit faire à la théorie générale pour se compléter.

SECTION Ire.

CARACTÈRE ET MOTIFS DES RÈGLES SPÉCIALES A LA QUOTITÉ DISPONIBLE ENTRE ÉPOUX.

§ 1er. *Corrélation des dispositions des art. 913, 1094 et 1098 du Code Napoléon.*

82. Posons d'abord avec netteté la question qu'il s'agit de résoudre. Le Code, dans les art. 913 et suiv. ayant fixé le taux du disponible d'une manière générale, ne peut, lorsque plus tard, dans les art. 1094 et 1098, il s'occupait de l'influence que doit avoir en cette matière le rapport d'époux existant entre le donateur et le donataire, avoir eu que l'une des deux intentions suivantes : ou bien augmenter la sévérité des restrictions déjà édictées contre le droit de disposer à titre gratuit, ou bien le diminuer. En quel sens donc ont été conçues les modifications apportées par les art. 1094 et 1098 du Code Napoléon aux dispositions des art. 913 et suiv. du Code Napoléon ? Sont-elles extensives ou restrictives du taux antérieurement établi ? Sur ce point les divergences sont nombreuses : les uns regardent les règles spéciales à la quotité disponible entre époux comme étant tantôt extensives, tantôt restrictives du disponible ordinaire, c'est-à-dire comme établissant un disponible invariable, indépendant du nombre des réservataires, et dès lors tantôt dépassant, tantôt n'atteignant pas le disponible du droit commun, qui varie avec le nombre des réservataires ; les autres regardent ces règles spéciales comme n'ayant d'autre but que d'augmenter la portion disponible ordinaire, et dès lors comme ne devant s'appliquer qu'aux cas où cette application est extensive, le droit

commun subsistant aux cas où elle serait restrictive. D'après la première manière de voir, les art. 1094 et 1098 constituent une théorie à part et complète ; d'après la seconde, ces articles ne prévoient que les hypothèses où , d'après le droit commun, le disponible serait moins fort que celui qu'ils établissent, renvoyant à ce droit commun pour les autres. On conçoit quelles différences d'interprétation séparent ces deux systèmes, entre lesquels il faut choisir avant d'aborder l'exposition des règles de détail.

83. Il est un cas, tout d'abord , que nous pouvons écarter ici : c'est celui prévu par l'art. 1098 du Code Napoléon. Il ne présente, en effet, aucune indécision, les motifs qui lui ont donné naissance étant clairement énoncés dans les travaux préparatoires : « tempérer l'amour conjugal par l'amour paternel. » (Observations du tribunal d'appel sur le projet. Voy. Fenet V, p. 268.)

Ces motifs suffisent pour faire voir le rapport de l'art. 1098 du Code Napoléon avec l'art. 913 du Code Napoléon. Tous deux sont restrictifs ; mais le premier ajoute à la sévérité du second, dans le but de protéger les époux contre les passions, les faiblesses, les préventions aveugles et les purs caprices qui trop souvent étouffent dans leur cœur la voix et l'impulsion primitive de la nature.

84. Si nous considérons l'art. 1094 du Code Napoléon, les rapports de cet article avec l'art. 913 du Code Napoléon, l'indécision est possible, et elle augmente encore, quand l'on se rapporte aux discussions qui devaient éclairer la portée de cet article. On trouve, en effet, dans le rapport présenté au tribunat par le tribun Duveyrier les mots suivants : « La prohibition faite

par les Coutumes aux époux de s'avantager entre eux n'existe plus, un mari peut donner à sa femme, une femme peut donner à son mari, *comme à toute autre personne*, la portion disponible des biens [1]. Il résulte visiblement de ces paroles que la qualité disponible permise pour les libéralités entre époux est la même que pour les libéralités faites entre étrangers. Bigot de Préameneu confirme encore cette manière de voir quand il dit : « Loin de les encourager, ce serait y mettre obstacle (en parlant des mariages) si on ne donnait pas le plus libre cours aux donations sans lesquelles ces liens ne se formeraient pas. Il serait même injuste d'assujettir les parents donateurs aux règles qui distinguent d'une manière absolue les donations entre vifs des testaments. » Les observations de l'orateur furent écoutées, et la forme comme la modalité de ces donations furent privilégiées (C. N., art. 1087, 1095, 109).

Si cette opinion émise par Duveyrier et Bigot de Préameneu est celle qu'a sanctionnée la loi, si la quotité disponible est identique, qu'il s'agisse de libéralités faites entre époux ou entre étrangers, quelle est donc la raison de l'art. 1094 du Code Napoléon, l'art. 913 du Code Napoléon existant déjà?

Le simple bon sens, ainsi que le texte de l'art. 1094 du Code Napoléon, repousse cette assimilation, et nous l'avons déjà dit : Deux explications seules peuvent être données à l'insertion de cet article. Inutile, s'il ne servait qu'à reproduire l'art. 913, il doit forcément élargir ou rétrécir les limites que nous trouvons dans l'art. 913 du Code Napoléon. Mais laquelle de ces explications faut-il admettre?

[1] Fenet, XIII, p. 725.

Faute de point d'appui irrécusable, elles ont été toutes deux proposées. Les uns ont vu dans l'art. 1094 une règle favorable aux intérêts des époux, qu'elle soustrait dans certains cas à la sévérité des prohibitions ordinaires ; les autres, au contraire, une règle défavorable aux intérêts des époux, qu'elle soumet à des restrictions plus sévères, eu égard aux influences que leur position réciproque peut faire craindre. Cette dernière opinion, formulée pour la première fois par Grenier[1], a pour elle les antécédents de la législation s'ingéniant à restreindre les libéralités entre époux, et est protégée en apparence par le texte de l'art. 1094.

L'opinion inverse, enseignée depuis longtemps par les savants annotateurs de Zachariæ[2], fut vivement défendue en 1842 par un professeur de Toulouse, M. BENECH[3], dont la manière de voir a rallié depuis la presque totalité des auteurs. Nous n'hésitons pas à embrasser cette dernière opinion, et nous allons chercher à montrer que la première n'est pas moins contraire à l'esprit et au texte de la loi qu'aux plus légitimes exigences des affections de la nature.

85. Le point de départ de toute cette discussion nous paraît être dans les paroles du tribun Duveyier, qui donnent aux libéralités entre époux autant de latitude qu'aux libéralités ordinaires : « Un mari peut donner à sa femme, une femme peut donner à son mari, comme à toute autre personne[4]. »

En prenant les dispositions du Code dans leur état

---

[1] *Donations*, n° 449.

[2] Zachariæ, t. V, p. 203, § 689, n° 5.

[3] Benech, *Quotité disponible*, p. 101-184.

[4] Fenet, XIII, p. 723.

définitif, ces paroles semblent inexplicables et contraires à la loi. L'art. 1094 du Code Napoléon, en effet, pose un chiffre de disponible moins élevé que l'art. 913 du Code Napoléon. Cette proposition de Duveyier n'en est pas moins de la plus haute importance à constater, et, en sachant comment elle se justifiait, lorsqu'elle fut avancée, et par suite de quels changements elle n'est plus exacte aujourd'hui, nous aurons à moitié résolu la difficulté annoncée.

86. Dans le projet du Code, présenté aux Cinq-cents le 30 frimaire an VIII par Jacqueminot, projet qui servit de guide plus tard aux commissaires nommés par Bonaparte le 24 thermidor an VIII, nous trouvons une identité significative entre la quotité disponible entre étrangers et la quotité disponible entre époux. L'art. 16 du projet réglait la quotité disponible entre étrangers, l'art. 151 la réglait entre époux ; le disponible ordinaire était invariablement fixé à un quart des biens, quand il restait des descendants, quel que fût leur nombre ; à la moitié, s'il y avait des ascendants, des frères, des sœurs ou des descendants d'eux ; aux trois quarts, quand il restait des oncles, grands-oncles ou des cousins-germains ; de plus, il était défendu de donner en usufruit plus qu'on ne donnait en pleine propriété[1]. Le disponible entre époux, d'après l'art. 151, consistait, quand il existait des descendants, dans le quart de la succession, plus l'usufruit d'un autre quart, et, dans les autres situations, il s'étendait à tout ce que l'on pouvait donner à des étrangers, plus à l'usufruit de toute la réserve des héritiers[2]. Ce projet voulait donc que les époux fussent

[1] Fenet, I, p. 370.
[2] Fenet, I, p. 392.

plus avantagés que les étrangers, et compenser ainsi l'abolition des gains légaux de survie (loi du 17 nivôse an II).

De ces deux articles, l'un, l'art. 16, devint, avec de graves modifications, les art. 913, 915 du Code Napoléon, l'autre, l'art. 151, resta littéralement le même en devenant l'art. 1094 du Code Napoléon. Lors de la présentation au conseil d'État, un amendement à l'art. 16 du projet fut présenté par Cambacérès, le 21 pluviôse an XI, amendement qui renversa le système de la quotité disponible ordinaire, proposée par Jacqueminot; les réserves au profit des collatéraux furent supprimées, et la réserve des enfants perdit son caractère invariable et augmenta et diminua selon leur nombre. Quant à la quotité disponible entre époux, elle resta telle qu'elle avait été fixée dans le projet. L'article qui traitait de cette quotité ne fut pas révisé, et fut adopté sans discussion dans la séance du 27 ventôse suivant. Il passa donc au Code avec le caractère qu'il avait dans le projet, c'est-à-dire comme ayant pour but d'élever le disponible ordinaire. Si, ailleurs, on a jugé à propos d'élever le disponible ordinaire, il n'est pas probable qu'on ait voulu le rendre supérieur au disponible entre époux, qui se trouverait sans cela réduit par une règle dont le but unique et avoué avait été de l'augmenter. N'est-il pas visible que le disponible entre époux a dû profiter de l'augmentation générale, être toujours au moins égal au disponible ordinaire dans le cas où, d'après l'amendement de Cambacérès, il ne peut plus lui être supérieur.

87. Mais l'historique des travaux offre encore d'autres preuves de la légitimité de cette manière d'interpréter

l'art. 1094 du Code Napoléon. Dans cette même séance du 27 ventôse, où fut adopté l'art. 151 du projet (art. 1094 du Code Nap.), on discutait l'art. 176 du projet, devenu l'art. 1098 du Code Napoléon. Cet article, dans le cas d'un second mariage et d'existence d'enfants du premier lit, défendait de donner au nouvel époux plus d'une part d'enfant le moins prenant, et en usufruit seulement. Sur les observations de Cambacérès, qui demandait que cette part pût être accordée en pleine propriété, Berlier demanda qu'elle fût limitée et qu'elle ne pût jamais dépasser le quart des biens, « car, dit-il, s'il n'y avait qu'un enfant ou deux du premier mariage et point du second, le nouvel époux pourrait, en partageant avec eux, avoir la moitié ou le tiers de la succession.» L'article fut adopté avec ces amendements, et on ajouta: « sans que dans aucun cas les donations puissent excéder le quart des biens[1].» Or, que prouve cet amendement? Il prouve que, dans la pensée du conseil d'État, l'art. 1094 n'empêchait pas les époux de se donner le tiers ou la moitié en propriété, quand il n'y avait qu'un ou deux enfants.

Cette proposition de Berlier, nos adversaires le reconnaissent, suppose la faculté de disposer d'un tiers ou de moitié, mais ils nient qu'elle soit relative au cas qui nous occupe. M. Berlier suppose, en effet, qu'il y a un ou deux enfants du premier mariage, et point du second; et comme l'art. 1094 du Code Napoléon est fait pour le cas d'enfants communs, il ne s'opposait pas à ce que l'époux pût donner un tiers ou une moitié à son nouvel époux, seule chose que voulait empêcher M. Berlier; mais comment admettre que le père, ayant des enfants

____
[1] Fenet, XII, p. 416.

d'un premier lit, puisse donner la moitié de ses biens à une seconde femme et ne puisse donner autant à la première? Expliquer ainsi l'amendement Berlier, serait penser que Berlier, qui connaissait l'esprit de l'ancienne législation, l'édit des deuxièmes noces, ait pu un seul moment songer à placer le second conjoint dans une position supérieure à celle du premier.

88. Il y a plus encore. Le tribunat, sur la communication officieuse qui lui fut faite, avait demandé qu'on admît le système que nous soutenons, de changer la rédaction de l'art. 1094 du Code Napoléon, et d'y substituer la suivante:

« L'époux pourra, soit par contrat de mariage, soit pendant le mariage, pour le cas où il ne laisserait pas d'enfants ni de descendants, donner à l'autre époux en propriété, par dispositions entre vifs et testamentaires, tout ce qu'il pourrait donner à un étranger, et en outre l'usufruit de la totalité de la portion dont la loi prohibe la disposition au préjudice des ascendants, et, pour le cas où l'époux donateur laisserait des enfants ou descendants, il pourra donner à l'autre époux tout ce dont il pourrait disposer en propriété, ou la moitié de tous ses biens en usufruit seulement[1]. » Cette proposition n'eut aucune suite, et la raison en est fort simple, comme le fait remarquer M. Benech (p. 133), c'est que le conseil d'État venait d'adopter l'amendement de M. Berlier, d'après lequel, voyant dans l'art. 1094 du Code Napoléon ce que demandait le tribunat, il ne crut pas devoir y rien changer. Il y a bien loin de là à un refus qui eût nécessité, pour être supposé, non pas le silence, mais une protestation.

[1] Fenet, XII, p. 467.

89. Nous ne dissimulerons pas que l'exposé des motifs par M. Bigot de Préameneu et le rapport au tribunat par M. Joubert contiennent des fragments contraires à notre solution[1]; nous ne chercherons pas à démontrer que c'était là une opinion personnelle à ces deux orateurs et ne pouvant d'aucune manière prévaloir contre celle du gouvernement; nous nous bornerons à faire observer que ces deux orateurs, tout en cherchant à prouver que la quotité disponible entre époux est restrictive, prennent pour exemple le cas où l'époux laisse plusieurs enfants, et de cette manière font coïncider leur opinion avec la nôtre; en effet, ils accordent alors à l'époux la quotité de l'art. 1094, et cette quotité du quart en propriété et du quart en usufruit se trouvant plus élevée que la quotité accordée à un étranger, il est tout simple qu'il ne puisse pas être question de l'augmenter.

90. Maintenant, quittons les travaux préparatoires, si péremptoires, on le voit, et cherchons la solution dans les textes mêmes du Code Napoléon. Sans doute ils n'expriment pas d'une manière aussi catégorique que les faits précédents, les idées que nous venons d'émettre; mais, avec les explications que donnent aux textes les travaux préparatoires, il suffit que ces textes concordent avec cette explication pour que l'opinion soit irrécusable; on ne devait pas penser à faire davantage ressortir des principes non contestés. Or, comparons un peu les expressions qu'emploie la loi lorsqu'elle veut édicter une disposition prohibitive, et celles qu'elle emploie dans l'art. 1094 du Code Napoléon. Quand la loi veut restreindre

[1] Fénet, XII, p. 572, 621.

la quotité disponible pour les étrangers, elle dit : « les libéralités ne pourront excéder » (Code Nap., art. 913 à 915); quand elle veut restreindre le disponible pour un second conjoint, elle dit : « l'homme ou la femme ..... ne pourra donner » (Code Nap., art. 1098); au contraire, dans l'art. 1094, comme elle ne songe pas à réduire, mais, comme le prouvent les origines, à augmenter, elle dit deux fois : « l'époux pourra .... disposer » (1er alinéa), « il pourra » (2e alinéa). Nous ne prenons cette observation que pour ce qu'elle vaut; mais, enfin, les mots expriment les idées; et quand les mots d'un article concordent avec la pensée de ses rédacteurs, comment ne pas admettre leur explication. Dira-t-on que l'art. 1099 du Code Napoléon détruit ce dernier argument, puisqu'il emploie l'expression « ne pourront .... », nous répondons que c'est une pétition de principes, puisqu'il s'agit précisément de savoir ce que permet l'art. 1094 du Code Napoléon.

91. Enfin, l'esprit général de nos lois incline à l'adoption de ces idées. On sait combien sont favorisées les donations entre époux; comment croire que l'on puisse disposer au profit de son conjoint plus facilement (Code Nap., art. 1087), plutôt (Code Nap., art. 1095), plus librement (Code Nap., art. 1093) qu'en faveur d'un étranger, et qu'on ne puisse lui donner autant ! En l'absence de réservataires, l'époux peut recevoir autant qu'un étranger; en présence d'ascendants, il peut recevoir plus qu'un étranger, l'usufruit de la réserve (Code Nap., art. 1094); en présence de trois enfants, il peut encore indubitablement recevoir plus qu'un étranger; comment comprendre qu'il ne puisse recevoir autant, quand il y a un enfant !

92. Toutes ces raisons nous paraissent péremptoires. L'art. 1094 du Code Napoléon a été édicté pour favoriser les conjoints; donc il est inapplicable quand il leur nuit, et fait place alors à l'application des règles ordinaires. Si les art. 913 et suiv. du Code Napoléon fussent restés ce qu'ils étaient dans le projet Jacqueminot, l'art. 1094 du Code Napoléon suffisait à lui seul pour décider toutes les hypothèses possibles de disponible entre époux; depuis la modification qu'a subie cette théorie générale par suite de l'amendement de Cambacérès, le disponible entre époux est réglé tantôt par les art. 913 et suiv., tantôt par l'art. 1094. Sachant maintenant que l'art. 1094 du Code Napoléon doit emprunter aux art. 913 et suiv. pour se compléter, il nous reste à rechercher quand il faut appliquer l'une ou l'autre de ces théories, faire ces emprunts et fixer le taux du disponible dans les différentes hypothèses possibles[1].

§ 2. *Combinaison du disponible entre époux avec le disponible du droit commun.*

93. Il résulte des conclusions du paragraphe précédent que la quotité disponible entre époux obéit à une théorie à part, qui, il est vrai, n'est pas complétement renfermée dans les articles qui s'en occupent spécialement, mais qui peut se compléter et former un système indépendant en combinant les dispositions

[1] *Sic :* Benech et Zachariæ, *loc. citato ;* Vallette, journal le *Droit* 11 mars 1846; *Contra :* Toullier, 5, n° 869 ; Duranton, 9, n° 793 ; Marcadé, art. 1094, n° 1 ; Rejet du 3 décembre 1844, S., V, 45, 1, 277 ; Montpellier, 8 février 1843, S., V, 43, 2, 220.

spéciales avec les dispositions générales. Cette coexistence des deux systèmes permet de décider sans difficulté les questions que pourrait faire naître l'appréciation de libéralités faites séparément dans chacune des positions indiquées. Si le donateur a disposé seulement au profit d'étranger, l'étendue possible de ces dispositions sera réglée par les art. 913 et suivants; s'il a disposé seulement au profit de son conjoint, l'étendue possible des dispositions sera réglée par les art. 1094 et 1098 du Code Napoléon complétés. Mais, ces deux classes de libéralités ne s'excluant pas l'une l'autre, comment se réglera le concours de libéralités faites à des époux et à des étrangers émanant de la même personne, et soumises cependant à des quotités distinctes. Prises séparément, ces libéralités peuvent atteindre le taux du disponible spécialement établi pour chacune; mais de ce que le donateur peut atteindre un taux donné, faut-il conclure qu'il puisse disposer à son gré du plus fort disponible, le distribuer à son gré; en un mot, demandons-nous, pour terminer l'examen des principes généraux de cette matière, quelle est non plus la corrélation existant entre les art. 913, 1094, 1098 du Code Napoléon, mais comment se combinent les dispositions de ces articles en fait, quand concourent les hypothèses qu'ils règlent chacun à part?

94. Trois principes résument toute cette question de rapports des deux disponibles en cas de concours.

Ces trois principes sont les suivants :

1° La réunion des deux sortes de libéralités ne peut excéder le plus fort disponible ;

2° Aucun des donataires ne peut recevoir une quotité supérieure à son disponible propre ;

3° Aucun des donataires ne peut profiter de l'augmentation de disponible faite pour l'autre.

Vérifions ces trois propositions.

95. Nous repoussons tout d'abord, avec la généralité des auteurs, l'opinion émise par quelques arrêts[1], que les quotités disponibles ordinaires et spéciales peuvent exister simultanément juxta-posées. En effet, comment concilier ce système avec les combinaisons laborieuses des auteurs du Code en matière de réserve; prenons un exemple.

« Si une personne n'ayant qu'un seul enfant pouvait, après avoir donné à des étrangers la moitié de tous ses biens, donner en outre à son conjoint un troisième quart en usufruit et un quart en propriété, la réserve de l'enfant se trouverait réduite à un quart en nue propriété et serait ainsi à peu près illusoire; la réserve n'existerait plus que de nom, et même, dans certains cas, le cumul des deux quotités disponibles dépasserait la totalité du patrimoine[2] » (art. 915 et 1094).

Nous n'insisterons pas plus sur une doctrine que la jurisprudence a universellement réprouvée[3].

96. Un autre système, que nous ne croyons pas plus soutenable que le précédent, se prononce pour l'exclusion d'une quotité par l'autre. Mais comment défendre au testateur de donner simultanément à son conjoint et à un étranger? Ce système résulterait indirectement de la jurisprudence de la cour de cassation du 21 juillet 1813, et d'un arrêt de la cour de Besançon du

[1] 27 août 1810, Agen, S., 11, 2, 112.

[2] Zachariæ, note 12, p. 209, t. V.

[3] Cass, 24 nov. 1842, S., V, 42, 1, 897; Grenier, n° 584; Delvincourt, II, p. 221; Toullier, V, 870; Duranton, IX, 793; Proudhon, *Usufruit*, t. 1, n° 356.

7 février 1840. Admettre cette opinion serait mettre le disposant dans une alternative singulière. Comment lui dire qu'il ne peut disposer qu'en faveur de son conjoint ou d'une autre personne, lorsque aucun texte de loi ne lui impose une telle obligation ?

97. Le cumul des deux quotités ou l'exclusion d'une quotité par l'autre ne pouvant avoir lieu, il ne reste plus qu'à admettre le concours des deux disponibles. Reste à savoir quelles seront les règles de ce concours ?

Quelle sera, dans ce cas, la quotité disponible dont on pourra disposer ?

Sera-ce la quotité ordinaire des art. 913 et suivants, ou la quotité spéciale de l'art. 1094?

Sera-t-il toujours permis d'atteindre le chiffre du disponible le plus élevé, sans distinction de circonstances? peut-on, en un mot, poser en principe, que toutes les fois que la somme des libéralités faites au conjoint ou à l'étranger ne dépassera la quotité disponible la plus élevée, les deux dispositions échapperont nécessairement à la réduction? ou bien obligera-t-on le disposant à ne pas excéder la quotité des art. 1094, 1098 pour les libéralités entre époux, des art. 913, 915 pour les étrangers ?

Telles sont les nombreuses questions qui divisent les auteurs et auxquelles nous allons tâcher de donner une solution.

98. La première règle que nous avons émise est admise par la généralité des auteurs; la rejeter, serait retomber dans le cumul ou dans l'exclusion déjà condamnée. Reste donc à savoir quelle est la quotité qui servira de règle pour déterminer quelle peut être l'étendue des dispositions ?

Tantôt l'une, tantôt l'autre, disent les auteurs dont nous suivons l'opinion, en prenant celle qui autorisera la plus forte libéralité. Ce disponible pourra toujours être pris comme taux commun au décès du donateur, au moment où il s'agira de réduire les donations et les dernières dispositions. En effet, ce taux pouvant être atteint par une seule donation faite à celui qui peut profiter du plus fort disponible, il est clair qu'en laissant de côté les considérations de personnes, le plus fort disponible aura pu être épuisé. Il s'agit donc uniquement de savoir quel est dans une hypothèse donnée le disponible le plus fort, ce qu'il serait facile de préciser en parcourant, pour expliquer la proposition par l'application, les différentes situations selon lesquelles varie la quantité disponible, soit ordinaire, soit spéciale.

Il nous faut tout d'abord écarter le cas où il ne se trouve qu'un enfant commun. D'après ce que nous avons dit au § précédent, la quotité est alors la même pour l'époux que pour l'étranger; dès lors l'art. 1094 du Code Napoléon n'est pas applicable, nous n'obéissons qu'à l'art. 913 du Code Napoléon, et le disponible sera une moitié. Le donateur qui aura donné une fraction de cette moitié à un étranger, ne pourra donner que le reste à son époux, ou réciproquement. La règle doit être évidemment la même s'il existe deux enfants, mais il faut préalablement savoir si la quotité de l'art. 913 est plus forte ou plus faible que la quotité spéciale de l'art. 1094. Comparons les deux disponibles, et voyons le rapport qui existe entre eux. Le disponible d'après l'art. 913 serait du tiers des biens en propriété, d'après l'art. 1094, celui de l'époux est d'un quart en pleine propriété et d'un quart en usufruit. La supériorité de l'un sur l'au-

tre dépend de la valeur réelle qu'aura le quart en usufruit.

Règle générale. Il n'entre pas dans l'esprit de la loi
de laisser faire l'évaluation de l'usufruit[1] ; pour remplacer cette évaluation, elle a permis de donner telle portion d'usufruit qu'on jugerait à propos, sauf pour les
héritiers réservataires qui trouveraient l'usufruit trop
onéreux, d'avoir la faculté d'abandonner au donataire
tout le disponible en pleine propriété (Cod. Nap., art.
917): toutefois il est des cas où cette appréciation est
inévitable (Cod. Nap., art. 1970); il s'agit précisément
de savoir si l'hypothèse où nous nous plaçons rentre ou
non dans le cas exceptionnel. On pourrait le croire, car
l'abandon du disponible ordinaire, conformément à l'art.
917 du Code Napoléon, pourrait n'être pas suffisant, à
raison de l'extension de la faculté accordée aux époux
en faveur l'un de l'autre par l'art. 1094. Sans examiner
à fond cette question, qui trouvera naturellement sa
place quand nous nous occuperons de la réduction,
nous ajouterons, sous toutes réserves, et seulement
pour permettre d'élucider la question posée, que, si on
admet l'évaluation, il faudra suivre les bases de calcul
que fournit la loi du 22 frimaire an VII, art. 14, § 2 :
« L'usufruit transmis à titre gratuit s'évalue à la moitié de la valeur entière de l'objet. » Ce principe posé,
toute la discussion se borne à une simple question de
chiffres. Nous avons, d'un côté, un tiers en toute propriété, de l'autre, un quart en toute propriété, plus un
quart en usufruit. Il suffit, pour comparer ces deux fractions, de les réduire au même dénominateur; on a alors

[1] Zachariæ, t. V, § 689, nº 19.

quatre douzièmes en toute propriété d'une part, de l'autre, trois douzièmes en propriété, plus trois douzièmes en usufruit. Retranchons la part commune trois douzièmes de quatre douzièmes, il nous reste un douzième; ainsi toute la question se résume à savoir si un douzième en toute propriété est égal à trois douzièmes en usufruit. Or, d'après la loi du 22 frimaire, un douzième en propriété égale deux douzièmes en usufruit; deux douzièmes de trois douzièmes reste un douzième, donc la quotité disponible de l'art. 1094 du Code Napoléon est supérieure à la quotité de l'art 913 du Code Napoléon d'un douzième d'usufruit. C'est donc la première dont pourra disposer le donateur, et nous disons, comme en terminant l'appréciation de la position précédente, que le donateur qui avait disposé d'une fraction de cette part au profit d'un étranger, ne pourra donner que le reste à son conjoint ou réciproquement.

S'il reste trois enfants ou plus, le disponible spécial de l'art. 1094 du Code Napoléon est le plus fort. En effet, l'homme qui a trois enfants ne peut donner à un étranger qu'un quart en pleine propriété, tandis qu'il peut donner, en outre, à sa femme un quart en usufruit.

Enfin, la quotité de l'art. 1094 du Code Napoléon est encore supérieure dans le cas où il reste des ascendants. En effet, dans ce cas, le descendant peut donner à des étrangers la moitié ou les trois quarts de son patrimoine, suivant qu'il laisse des ascendants dans les lignes paternelle et maternelle ou dans une seule (Code Nap., art. 915); en faveur de son époux, la loi lui a permis de disposer en outre de l'usufruit de la portion réservée aux ascendants (Code Nap., art. 1094, n° 1).

99. D'après la comparaison que nous venons de faire des deux disponibles, celui de l'art. 1094 du Code Napoléon sera plus fort que celui de l'art. 913 du Code Napoléon, au cas de deux et trois enfants et au cas d'ascendants; celui de l'art. 913 du Code Napoléon est supérieur dans le cas d'un seul enfant. Et alors, pour avoir la théorie générale, nous disons qu'il faut appliquer l'art. 913 du Code Napoléon pour le cas d'un enfant, l'art. 1094 du Code Napoléon pour les trois autres. Cette comparaison permet d'appliquer facilement la règle qui nous autorise à prendre le plus fort des disponibles; mais ce choix ne se justifie que par l'hypothèse où nous nous étions placé, c'est-à-dire où le plus fort disponible est donné à la même personne.

100. Ici se place dès lors la deuxième règle, qui recherche quelle est, en cas de distribution du plus fort disponible, l'influence qu'il faut reconnaître aux considérations de personnes. Or, l'idée seule de concours conduit à dire que dans ce partage du plus fort disponible chaque donateur ne peut atteindre que celui spécialement fixé pour la position qu'il occupe. Ainsi, en appliquant à la fois les deux premières règles, une personne qui a un ascendant peut léguer à un étranger les trois quarts de son patrimoine, et à son conjoint seulement l'usufruit du quart restant. En effet, pourvu que cette quotité de l'art. 1094 n'ait pas été dépassée, pourvu aussi que le conjoint ait seul profité de cet article, la jurisprudence et la doctrine sont d'accord pour admettre le cumul des libéralités. Or, dans l'exemple précédent, le testateur ou donateur n'a disposé au profit de l'étranger que de la quotité disponible de l'art. 915 du Code Napoléon, les trois quarts; d'un autre côté, en donnant au

conjoint l'usufruit du quart restant, il n'a pas surpassé
la quotité disponible de l'art. 1094, et n'a nullement
fait profiter l'étranger du disponible de l'art. 1094 du
Code Napoléon. Enfin, le total des deux libéralités n'excède pas la quotité la plus forte dont il peut disposer.
Peu importe d'ailleurs à l'ascendant la manière dont la
distribution de la quotité disponible a été faite, pourvu
que chaque donataire n'ait que ce qui lui revient. Le
conjoint aurait pu tout donner à son conjoint survivant,
et, par l'effet de cette disposition, l'ascendant aurait été,
aussi bien que par l'autre, privé de l'usufruit de la réserve.

La même solution ne serait pas possible, si un père
de plus de deux enfants avait donné à l'un d'eux un
quart en pleine propriété et un huitième en usufruit, et
qu'il eût seulement donné à son épouse le huitième en
nue propriété. Nous aurions bien alors la même somme
de libéralités que celle de l'art. 1094; mais le disposant
aurait profité de cet article (uniquement fait en faveur
de l'époux), pour donner à un de ses enfants plus que
celui-ci ne peut recevoir d'après l'art. 913. Il n'y aurait
donc pas de combinaison licite, légale de ces deux
points; donc, toutes les fois que l'époux et l'étranger
n'ont pas au delà de leurs quotités respectives, et que le
disponible le plus élevé n'est pas excédé, les deux dispositions doivent être maintenues.

101. L'application et le lien des deux propositions
précédentes a fait naître une question délicate que nous
ne faisons qu'indiquer ici, laissant tout ce qui a trait
aux chiffres pour les deuxième et troisième sections.

Il s'agit en effet de savoir si, quand la portion disponible de l'art. 1094 du Code Napoléon est la plus forte,

et qu'on l'a déjà entamée par une première libéralité faite au conjoint, on peut, par une libéralité postérieure, donner à un étranger le complément de cette quotité non épuisée, si ce complément, bien entendu, ne dépasse pas le disponible de l'art. 913 du Code Napoléon. Le cas inverse ne suppose aucune difficulté; l'étranger a été d'abord gratifié d'un quart en nue propriété; le disposant donne ensuite l'usufruit de moitié de ses biens à son conjoint. Rien de plus licite, l'époux seul a profité de l'extension de la quotité spéciale sur la quotité ordinaire. Mais, à propos de cette première position, la cour de cassation s'est constamment prononcée pour la négation, et a déclaré que si la libéralité en faveur de l'étranger est postérieure à celle faite à l'époux, elle est inofficieuse et nulle. Pour nous faire mieux comprendre, prenons un exemple : Père de trois enfants, j'ai donné à ma femme l'usufruit de la moitié de mes biens, puis-je donner par une donation postérieure un quart en nue propriété à un étranger ou à un de mes enfants? Cette donation, dit la cour de cassation, est nulle, parce que l'usufruit de moitié, qui équivaut à la propriété du quart, étant déjà donné à l'époux, la quotité disponible de l'art. 913 du Code Napoléon se trouve épuisée, et l'étranger ne peut se prévaloir de l'excédant fixé par l'art. 1094, lequel n'est établi qu'en faveur de l'époux et ne doit profiter qu'à lui.

Nous ne pouvons admettre cette opinion, et nous croyons qu'un époux peut, sans excéder les limites de la quotité disponible, donner à son conjoint l'usufruit de la moitié de ses biens, et le quart en nue propriété à un tiers, enfant ou étranger, soit par un seul et même acte, soit par des actes successifs, sans qu'on doive avoir

égard à la date respective des deux libéralités. En effet,
comment comprendre que l'étendue de la quotité disponible puisse varier en raison de l'ordre dans lequel le
donateur a fait ses libéralités, parce que, dans les principes généraux de la matière, l'ordre et la date n'ont de
valeur que pour déterminer le rang dans lequel les libéralités doivent être réduites, si elles sont excessives.
Nous aurons de la peine à comprendre que, le concours
des deux libéralités étant admis, lorsqu'elles sont faites
par le même acte, ou que l'acte en faveur de l'étranger
a précédé l'acte en faveur de l'époux, ce concours puisse
être rejeté, au contraire, lorsque c'est l'ordre inverse qui
a été suivi, sous le prétexte que l'étranger profite dans
ce cas d'un privilége qui est personnel à l'époux; nous
admettons bien, et qui le contesterait? que l'extension
du disponible résultant de l'art. 1094 ne doit profiter
qu'à l'époux, puisque c'est en sa faveur qu'elle a été
consacrée. Mais comment cette extension qui lui profite
exclusivement lorsqu'il est gratifié le deuxième, et qui
lui profite encore lorsque la libéralité lui est faite dans
l'acte même qui contient une donation en faveur d'un
tiers, enfant ou étranger, puisque, dans l'un et l'autre
cas, les deux libéralités sont validées; comment cette
extension cesse-t-elle de lui profiter lorsqu'il a été gratifié en premier ordre? N'est-ce pas toujours la même
quotité qu'il reçoit? D'un autre côté, c'est seulement le
quart en nue propriété qui est donné au tiers gratifié,
concurremment avec l'époux; et dès lors il y a quelque
chose qui s'explique mal à dire que ce tiers participe à
un privilége personnel à l'époux, par cela seul qu'il
vient en concours avec lui, alors que, dans les termes du
droit commun, il aurait pu recevoir le quart en toute

propriété. Nous concluons donc à un avis contraire à celui qu'émet la cour de cassation, et croyons qu'il n'y a aucune différence à faire; quel qu'ait été l'ordre des libéralités[1].

102. Reprenons l'ensemble de la matière pour, au moyen des principes posés, rechercher le taux dans les différentes hypothèses possibles.

SECTION II.

TAUX DE LA QUOTITÉ DISPONIBLE ENTRE ÉPOUX.

103. Cette partie de notre travail n'est à vrai dire que la conclusion pratique des observations présentées dans la section précédente. Nous nous sommes attaché jusqu'ici à faire voir seulement où sont dans la loi les textes contenant les règles relatives à la fixation de la quotité disponible entre époux; cette étude purement théorique achevée, il nous faut interroger les articles que nous avons montrés devoir se combiner, et présenter un tableau complet des hypothèses dans lesquelles varie le chiffre de la portion disponible. L'ordre à suivre nous est tracé par la loi elle-même; nous verrons successivement quelle est la quotité disponible ordinaire entre

---

[1] *Sic:* Zachariæ, t. V, § 689, n° 17; Benech., *Quot. disp.*, 185, 273 et suiv.; Pons., *Revue de législation*, t. XVI, p. 215; t. XIX, p. 261; Molinier, *Revue étrangère*, t. I, p. 10; Marcadé, art. 1110, n° 2; Toulouse, 13 août 1844, S., V, 45, 2, 38; Grenoble, 13 décembre 1843, S., V, 44, 2, 100; Riom, 2 avril 1841, S., V, 41, 2, 328.

Contra: Duranton, t. IX, n° 796; Coin-Delisle, n° 16; Cassation, 21 mars 1837, S., V, 37, 1, 273; 24 juillet 1839, S., V, 39, 1, 633; 22 novembre 1843, S., V, 44, 1, 69; Douai, 24 février 1840, S., V, 40, 2, 270; Besançon, 7 février 1840, S, V, 40, 2. 105.

époux, lorsque le donateur n'a pas d'enfants d'un précédent mariage (Cod. Nap., art. 1094), quelle elle est dans le cas contraire (Cod. Nap., art. 1098).

104. Observons, du reste, qu'à l'égard de cette fixation du disponible, il n'y a aucune différence à faire entre les donations par contrat de mariage et les donations faites pendant le mariage. Une seule exception existe à cette règle, elle est relative à l'époux mineur. Placé sur la même ligne qu'un majeur pour toutes les donations faites par contrat de mariage (Cod. Nap., art. 1095), il retombe, une fois le mariage contracté, sous l'empire de la règle établie par l'art. 904 du Code Napoléon, et ne peut donner que par testament et seulement la moitié de ce dont pourrait disposer un majeur; mais hâtons-nous d'ajouter que, nonobstant cette différence, les règles relatives à la quotité disponible sont identiquement les mêmes, l'art. 904 édictant une restriction d'incapacité, et non une restriction d'indisponibilité. En fait, le résultat est le même; les droits de l'époux donateur sont limités, mais le caractère de la limitation diffère, et cette différence peut amener, nous ne tarderons pas à le voir, d'importantes conséquences[1].

Nous profiterons de cette occasion pour émettre quelques doutes sur la valeur de l'argumentation que présente M. Benech, dont cependant nous avons suivi la conclusion. Il prend comme point de départ de son argumentation la capacité générale, bien souvent contestée par nos lois, et nie qu'on puisse trouver une restriction à la faculté de disposer là où une telle restriction n'est pas formelle; il aboutit à ne pas reconnaître à

____
[1] Ci-dessous, n° 114.

l'art. 1094 du Code Napoléon un caractère restrictif, par cela seul qu'il peut y avoir doute sur son esprit, la loi dans le doute devant être interprétée dans le sens général, la capacité. N'est-ce pas commettre une pétition de principes que de conclure à une règle de disponibilité au moyen d'une règle de capacité, confondre un statut personnel avec un statut réel. Nous avons déjà fait observer que toute restriction a une faculté introduite comme règle de protection, c'est-à-dire dans l'intérêt de celui dont on limite les droits, rentre dans les limitations de capacité. Que toute restriction contraire qui existe dans l'intérêt d'autres personnes que celles dont on limite les droits, ne peut avoir cette idée de protection personnelle, dès lors a un autre caractère et est un statut réel; or, dans l'art. 1094 du Code Napoléon, l'époux se trouve soumis à une restriction motivée par la présence d'autres personnes, dans l'intérêt desquelles cette limitation est établie. Supprimez ces personnes, la restriction tombe. Comment donc, en prenant la capacité générale comme point de départ, conclure à l'absence de restriction à cette capacité, en vertu de l'art. 1094 du Code Napoléon qui n'a trait qu'à une question d'indisponibilité.

105. Une différence plus réelle sépare, en ce qui concerne notre sujet, les libéralités faites par contrat de mariage et celles qui sont faites pendant le mariage, et cette différence influe sur la manière de procéder dans les deux cas à la réduction, comme sur la fixation des lois d'après lesquelles doit se calculer la quotité disponible. On sait, en effet, que la quotité disponible se règle par la loi de l'époque de la libéralité, quand il s'agit d'une libéralité irrévocable, et par la loi du jour du dé-

cès quand il s'agit d'une disposition révocable[1]. Or, les donations pendant le mariage étant révocables (Cod. Nap., art. 1096) au gré du donateur, ne prennent date en réalité qu'à la mort du disposant, ne donnent qu'à cette époque un droit incontestable, d'où en supposant des changements dans les lois sur la quotité disponible, c'est la loi du décès qu'il faudra appliquer dans ce cas, et non la loi en vigueur au jour de la disposition. Il en est autrement des institutions contractuelles et de toute donation par contrat de mariage, irrévocables dès qu'elles sont consenties.

106. Nous ajouterons, comme dernière observation préliminaire, que la faculté d'atteindre dans leurs libéralités le taux du disponible établi par la' loi, constitue pour les époux un droit dont les conventions ne peuvent les dépouiller; une convention qui restreindrait le disponible dans d'autres limites que celles qu'établit la loi, difficile à imaginer entre étrangers, est facile entre époux; en effet, ne peut-on supposer qu'elle ait lieu, grâce à l'influence que pourraient avoir des tiers, parents ou non, désireux de se servir du contrat, dans lequel ils feraient inclure une renonciation au droit de s'avantager, pour mettre un frein à l'influence qu'ils redouteraient de la part de l'un ou de l'autre des époux? Or, une telle convention, dès l'instant que la quotité de la réserve l'apprécie au décès du donateur, ne serait autre chose qu'un pacte sur succession future, prohibé d'une manière générale par l'art. 1130 du Code Napoléon[2].

---

[1] Toullier, t. **V**, n° 119; Marcadé, t. III, art. 895, n° 2; Duranton, t. VIII, n°s 315 et suiv.

[2] *Sic:* Merlin, *Renonciation,* § 1er, n° 3; Cassation, 22 décembre 1818. S., XIX, 1, 56; *Contra:* Pothier, *Donat. entre mari et femme,* 27.

Ces considérations générales posées, nous allons nous occuper des taux.

§ 1er. *De la quotité disponible s'il n'y a pas d'enfants d'un précédent mariage.*

107. Même dans l'opinion de ceux qui regardent les art. 1094 et 1098 du Code Napoléon comme contenant une théorie complète n'ayant]rien à emprunter aux art. 913 et suiv. du Code Napoléon, il faut reconnaître avec l'art. 916 du Code Napoléon, qu'à défaut de descendants et d'ascendants, la quotité disponible comprend le patrimoine tout entier. Il n'y a donc que deux hypothèses à examiner ici, le cas où il y a des descendants, le cas où il y a des ascendants.

ART. 1er. *Disponible en présence d'enfants du donateur.*

108. Disons tout d'abord que, s'il s'agit de fixer l'étendue possible des libéralités faites au premier conjoint, il nous importe peu de savoir si les enfants du donateur sont du premier ou du deuxième lit.

En effet; le moment d'appréciation du disponible étant celui de la mort, tous les enfants qui existent à cette époque se trouvent avoir les mêmes droits et exercer la même influence sur la position de l'époux donateur, vis-à-vis duquel ils sont tous dans une position égale. Ce n'est que vis-à-vis du deuxième conjoint qu'il faut distinguer entre les enfants du premier et du deuxième lit.

109. Ceci posé, nous savons qu'entre époux comme entre étrangers la quotité disponible varie, suivant le nombre des héritiers laissés par le disposant à son décès. S'il n'existe qu'un enfant, nous appliquerons le taux or-

dinaire de l'art. 913 du Code Napoléon: le disponible sera de la moitié des biens du disposant. S'il en reste deux, le taux sera celui de l'art. 1094 du Code Napoléon ou de l'art. 913: un quart en propriété et un quart en usufruit, ou une moitié en usufruit, ou un tiers en propriété, selon celui qui sera regardé comme le plus élevé, question dont la solution répond à la première. Nous avons admis dans la première section, que l'appréciation peut se faire en vertu de la loi du 22 frimaire, et nous avons montré que, suivant ce mode de calcul, la quotité fixée par l'art. 1094 du Code Napoléon serait plus forte que celle établie par l'art. 913 du Code Napoléon de un douzième en usufruit[1]. Nous n'avons pas besoin de renouveler ici cette difficulté, puisque nous ne nous occupons que du disponible entre époux, sans parler de ses rapports avec celui des étrangers; nous notons seulement qu'au moment où nous nous verrons sur le terrain de la réduction, nous reviendrons sur nos premières allégations, et montrerons qu'en général au moins la loi de frimaire n'est pas applicable.

Dans le cas où le défunt aurait laissé trois ou quatre enfants, la quotité de l'art. 1094 du Code Napoléon sera la plus forte et fixera le taux du disponible entre époux.

Tout ceci était déjà dit ou au moins sous-entendu dans la première section.

110. Mais que décider si l'époux donateur avait reproduit l'alternative des deux disponibles de l'art. 1094 du Code Napoléon, un quart en propriété et un quart en usufruit ou une moitié en usufruit, sans dire à qui le choix appartient; lorsque le donateur a fait la donation d'une

---

[1] Ci-dessus, n° 98.

manière générale, et qu'il est impossible de préciser dans la disposition la personne qu'il a voulu faire jouir de cette alternative; nous croyons que c'est le droit commun qui fait loi (Code Nap., art. 1190). En matière d'obligations alternatives, le choix appartient au débiteur, s'il n'a pas été expressément accordé au créancier. On donnera donc l'option aux héritiers du conjoint.

La question changerait, si le donateur avait légué à l'époux tout ce dont la loi lui permet de disposer; il est évident que les héritiers se verraient forcés d'offrir au donataire le plus fort disponible, et qu'ils ne pourraient exiger que le donataire se contente de la moitié en usufruit[1].

111. Là pourraient se placer toutes les questions que fait surgir l'application de l'art. 913 du Code Napoléon: modé de calcul des biens, personnes qui comptent comme réservataires, effet de la renonciation et bien d'autres. Nous écartons tous ces points pour le moment, comme n'ayant pas spécialement trait à notre sujet; constatons seulement que parmi les enfants figurent les légitimes, les naturels pour fractions et les adoptifs; que les enfants renonçants n'ont pas droit à la réserve dont nous venons de parler; mais qu'ils comptent dans le calcul du disponible, leurs coréservataires profitant de leur renonciation, aux termes de l'art. 786 du Code Napoléon.

Art. 2. Disponible en présence d'ascendants du donateur.

112. L'époux laissant des ascendants réservataires pourrait donner à des étrangers la moitié ou les trois

---

[1] *Sic:* Toullier, t. V, n° 867; Duranton, t. IX, n° 790; Marcadé, 1094, n° 4; Caen, 26 mars 1843, S., V, 43, 2, 455.

quarts de son patrimoine, suivant qu'il laisse des ascendants dans les lignes paternelle et maternelle, ou dans une seule (Code Nap., art. 915); en faveur de son conjoint, la loi, conséquente avec elle-même et voulant toujours favoriser le mariage, lui a permis de disposer en outre de l'usufruit de la portion réservée aux ascendants (Code Nap., art. 1094, § 1er).

Cette faveur accordée à l'époux de pouvoir disposer de l'usufruit des biens réservés aux ascendants, nous paraît une innovation peu heureuse. Dans le droit romain et dans notre ancien droit, la légitime des ascendants devait rester intacte, tout aussi bien que celle des descendants. Que fait-on aujourd'hui? On laisse aux ascendants une nue propriété la plupart du temps inutile pour eux, l'ordre naturel des choses faisant présumer qu'ils décéderont avant leurs descendants ou les conjoints de leurs descendants. Aussi cette disposition a-t-elle été vivement critiquée par Malleville :

« Il est évidemment dérisoire, dit-il, de renvoyer les ascendants, pour la jouissance de leur réserve, à la mort de leur gendre ou bru, qui ont toujours une ou plusieurs générations de moins qu'eux. »

Ce n'est pas tout, et dans l'espèce ces ascendants ne pourront même pas exiger d'aliments de l'époux donataire, car nous supposons qu'il n'y a pas d'enfants issus du mariage, et que l'alliance est dès lors rompue (Code Nap., art. 206). N'y a-t-il pas à craindre qu'alors les ascendants, bornés à un bien improductif, ne vendent à vil prix leur nue propriété et ne fassent ainsi payer cher à la famille la bizarrerie des dispositions qu'autorise la loi.

Le tribun Joubert, prévoyant d'avance les objections

qu'on ne pouvait manquer d'élever sur cette disposition de l'art. 1094, disait dans son rapport : « Paraîtrait-il trop rigoureux de priver les ascendants de l'usufruit de la réserve ? C'est en quelque sorte ne laisser la réserve que pour leurs héritiers; mais c'est la faveur du mariage; pourquoi la mort d'un époux changerait-elle la position de l'autre, surtout pour donner aux ascendants des droits qui ne sont ouverts que par l'interversion du cours de la nature [1]. »

C'est justifier l'art. 1094 du Code Napoléon, en considérant le droit des ascendants comme moins naturel que celui des descendants, et par conséquent comme plus susceptible d'être modifié par le droit positif.

Toutes ces raisons ne nous paraissent pas décisives, et nous ne voyons pas que l'équité exige que le bien-être d'un époux soit augmenté par la mort de son conjoint. Or, c'est ce qui arrive; car, grâce aux dispositions de la loi, le conjoint va jouir à lui seul d'un usufruit universel des biens qu'il partageait jusque-là avec son conjoint. Nous nous rangeons donc à l'opinion émise par M. Duranton [2], et nous pensons qu'il eût été plus sage de donner aux ascendants l'usufruit de leur réserve, et, comme le législateur voulait favoriser les époux, de leur donner la nue propriété de la réserve des ascendants. De cette manière, la réserve des ascendants eût été une réserve sérieuse et non pas une de ces réserves qui, la plupart du temps, n'existent que dans le texte de la loi.

Les droits du conjoint donateur ne sont ainsi fixés qu'autant qu'il se trouve en présence d'ascendants privilégiés ou d'ascendants ordinaires, mais sans qu'il existe

[1] Fenet, t. XII, p. 621.
[2] Duranton, t. IX, n° 783.

des collatéraux privilégiés, c'est-à-dire des frères et sœurs du défunt ou descendants d'eux. S'il existe des collatéraux privilégiés, le concours est fatal aux ascendants ordinaires. Aux termes de l'art. 750 du Code Napoléon, les frères et sœurs du défunt ou descendants d'eux excluent de la succession tous les ascendants autres que père et mère; aussi, dans ce cas, n'y a-t-il plus de réserve, car : *nullus habet legitimam nisi qui heres est;* et l'art. 915 du Code Napoléon nous dit que les biens réservés aux ascendants seront par eux recueillis dans l'ordre où la loi les appelle à succéder ; privés du droit de succéder, ils se trouvent en même temps privés de leur réserve. Mais, d'un autre côté, les frères et sœurs seuls héritiers, n'ayant droit à aucune réserve, rendent par leur présence à l'époux sa liberté d'action, sans restriction; puisque alors il n'y a pas de réservataires, ou du moins qu'il n'y en a que dans un ordre non appelé à succéder, ce qui exclut non la possibilité de la réserve, mais son existence. Peut-il arriver que, cette situation changeant après la mort du *decujus,* cette possibilité de la réserve devienne une réalité? c'est se demander si le frère peut renoncer à la succession, ce qui est sans intérêt pour lui, en supposant qu'il existe un légataire universel, et donner ainsi ouverture à la réserve de l'ascendant. Nous pensons que la rénonciation du frère ou d'un collatéral privilégié quelconque a pour effet de faire venir l'ascendant en rang utile pour sa réserve au préjudice de l'époux légataire ou donataire. Ce système est, nous objectera-t-on, défectueux, en ce qu'il se prête facilement à un concert frauduleux entre le frère et l'ascendant. Mais le frère n'est-il pas libre de renoncer à son droit d'héritier?

L'art. 775 du Code Napoléon, en disant que « nul n'est tenu d'accepter une succession qui lui est échue », n'indique-t-il pas que l'on ne doit pas se préoccuper des motifs qui conduisent chacun à prendre le parti qu'il préfère? Et alors comment critiquer la renonciation des collatéraux privilégiés? Or, ceci admis, les art. 785 et 786 du Code Napoléon vont nous dire qu'alors les ascendants deviennent héritiers, les frères renonçants étant censés n'avoir jamais été héritiers; les ascendants se retrouvent en présence de l'époux donataire, tout comme s'ils eussent été appelés directement et peuvent exercer leurs droits à la réserve[1].

114. Quelle que soit d'ailleurs la solution des questions de détail, le principe reste le même; l'art. 1094 du Code Napoléon le pose nettement : en présence d'ascendants réservataires, l'époux peut donner ce qu'il eût pu donner à un étranger, plus l'usufruit de ce qui est déclaré indisponible. Mais une difficulté fort délicate à apprécier s'élève quand, outre la restriction aux droits du donateur, résultant de la présence d'ascendants, ce donateur se trouve en même temps sous le coup de l'art. 904 du Code Napoléon, c'est-à-dire lorsqu'il est mineur. Dans ce cas, en effet, le donateur ne peut disposer que de la moitié de ce dont peut disposer un majeur; donc, en supposant l'époux mineur et ayant des ascendants, la part qu'il ne pourra attribuer en propriété à son conjoint sera plus forte que s'il était majeur. Pourra-t-il joindre à la part disponible en propriété l'usufruit de tout ce dont il ne peut disposer, soit

---

[1] *Sic:* Duranton, t. VIII, n° 310; Marcadé, art. 945, n° 2; Rejet, 11 mai 1840, S., V, 40, 1, 680; Paris, 16 juillet 1839, S., V, 39, 2, 359; *Contra :* Vazeille, art. 945, n° 3.

par suite de la présence d'ascendants, soit par suite de sa position de mineur? ou bien ne pourra-t-il joindre à cette part en propriété diminuée de moitié, qu'un usufruit calculé dans la même proportion. Ainsi prenons un exemple. Supposons qu'un époux majeur possède une fortune de 400,000 fr. Il pourra disposer des trois quarts de cette somme en faveur de son conjoint, c'est-à-dire de 300,000 fr., plus l'usufruit de 100,000 fr. Un époux mineur, soumis à l'art. 904 du Code Napoléon, ne peut donner à son conjoint que la moitié de ce qu'il pourrait lui donner s'il était majeur. Ainsi, possédant une somme de 400,000 fr., il ne peut lui donner que la moitié des trois quarts de cette somme, ce qui fait 150,000 fr. Il reste donc 250,000 fr., dont il ne peut disposer. Pourra-t-il donner l'usufruit complet de cette somme à son conjoint, ou devra-t-il ne lui donner que l'usufruit calculé d'après l'art. 904 du Code Napoléon, c'est-à-dire lui donner la moitié de l'usufruit qu'il pourrait donner s'il était majeur, ce qui serait 50,000 fr.?

La solution de cette question ne présente pas de difficultés à notre avis. En effet, l'art. 1094 du Code Napoléon permet à l'époux de disposer en propriété du disponible, puis de l'usufruit de la réserve; l'art. 904 du Code Napoléon, dans le cas où le donateur est mineur, restreint la part que le mineur peut donner par testament à la moitié des biens dont un majeur peut disposer; d'après lui, l'époux mineur pourra donc donner en propriété la moitié du disponible, en usufruit la moitié de la réserve, c'est-à-dire que la part dont le donateur majeur pourrait disposer se composant de deux portions distinctes; le mineur pourra donner la moitié de chacune de ces portions. Ne pas admettre cette manière d'interpréter l'art. 904 du Code Napoléon dans ses rapports avec l'art. 1094 du Code Napoléon, serait tomber dans une confusion. La part dont l'art. 1094 du Code Napoléon permet de donner l'usufruit, se compose des biens atteints par l'impossibilité; ce serait y faire rentrer des biens dont on ne peut disposer que par suite d'une incapacité que d'y ajouter la part dont l'art. 904 du Code Napoléon prohibe disposition; ce serait assimiler deux choses distinctes. Aussi l'art. 904 du Code Napoléon frappe les deux parties de l'art. 1094 du Code Napoléon, chaque partie restant d'ailleurs ce qu'elle était sans l'art. 904 du Code Napoléon, et la deuxième ne s'augmentant pas de la restriction apportée à la première [1].

115. Enfin, l'époux peut-il donner à un étranger la quotité disponible ordinaire et donner de plus l'usufruit de la réserve des ascendants au conjoint survivant, ou bien faut-il tout donner au conjoint? Nous croyons que les deux donations sont valables et ne doivent pas être réduites. Le contraire a été soutenu par quelques jurisconsultes. Ils disent que le bénéfice de l'art. 1094 du Code Napoléon, qui permet d'ajouter au disponible ordinaire l'usufruit de la réserve des ascendants, ne peut profiter qu'à l'époux, tandis qu'ici on en fait profiter un étranger, et ils prétendent que, malgré les termes de la donation, le quart d'usufruit légué au conjoint doit se prendre sur le legs de l'étranger. Cette doctrine nous paraît fausse, car nous ne voyons pas en quoi le tiers

[1] *Sic:* Zachariæ, § 688, t. V; Duranton, t. VIII, n° 192; Toullier, t. V, n° 117; Magnien, *Tr. de minorité*, t. II, n° 992; Toulouse, 27 novembre 1841, S., V, 42, 2, 124; Angers, 16 juin 1825, S., V, 26, 2, 110; *Contra:* Delvincourt, t. II, p. 61, n° 4.

étranger profite ici du bénéfice de l'art. 1094 du Code Napoléon, puisqu'il ne reçoit que les trois quarts que l'art. 915 du Code Napoléon permet d'attribuer à tout le monde, quand le disposant ne laisse d'ascendants que dans une ligne, et que c'est le conjoint seul qui prend l'usufrnit de la réserve du père ou de la mère[1].

On a fait contre notre système un autre raisonnement; on dit que le droit de disposer de l'usufruit de la portion réservée aux ascendants est un secours extrême, ouvert seulement au profit du conjoint pour le cas où l'on n'a pas d'autres ressources; mais que donner cet usufruit au conjoint au moment même où l'on dispose de tout le reste de la quotité disponible en faveur d'un tiers, c'est faire profiter d'autant ce tiers qui eût reçu en moins sans cela ce que le disposant avait l'intention de donner à son conjoint. En effet, dit-on, quand même l'art. 1094 n'existerait pas, on aurait toujours gratifié son conjoint, seulement on aurait pris le quart d'usufruit sur le legs fait à l'étranger; donc cet étranger profite de la disposition de l'art. 1094 du Code Napoléon[2]. Cette idée ne nous paraît guère soutenable; car, si l'on peut donner à son conjoint, d'abord les trois quarts en pleine propriété et en outre le dernier quart en usufruit, c'est là une faculté, et rien n'empêche de ne lui en donner qu'une partie, le reste restant libre au profit de celui que le donateur voudra en gratifier; pouvu qu'on

---

[1] *Sic:* Zachariæ, t. V, p. 213; Marcadé, 1100, n° 2; Coin-Delisle, n° 15; Rejet, 3 janvier 1826, S., V, 26, 1, 269; 18 novembre 1840, S., V, 41, 1, 90; *Contra:* Duranton, t. IX, n° 785; Merlin, v° *Réserve*, t. I, § 2, n° 17.

[2] Delangle, avoc. gén dev. la c. de cass. (Dalloz, *Recueil périodique*, 1841, 1-19).

n'excède pas les limites légales, on peut distribuer son disponible à sa volonté. Aussi la cour de cassation, par l'arrêt du 18 novembre 1840, rejeta-t-elle les conclusions de M. Delangle[1]?

116. Les explications données sur ce point vont nous servir à résoudre une dernière difficulté qui s'est élevée en pratique, savoir : si le legs universel, fait purement et simplement, comprend ou ne comprend pas l'usufruit de la réserve légale des ascendants, si cet usufruit, pour être donné, exige une disposition expresse? Dès l'instant que nous avons dit que la propriété des trois quarts et l'usufruit du dernier quart entrent au même titre dans la composition du disponible, il s'ensuit que ce disponible les contient tous deux, et que les dispositions ne parlant que de ce disponible, sans en spécifier les éléments, embrassent tous ces éléments ensemble[2].

117. La question qui se lie intimement à la matière précédente, et que nous traiterons une fois pour toutes, en ce qui concerne le disponible en cas d'ascendants comme au cas de descendants, est de savoir, si l'époux donateur peut dispenser son conjoint de fournir caution.

Le but de la caution est connu, nous dit Proudhon[3], elle est exigée pour assurer les droits de toutes parties intéressées à la conservation de la chose; le donateur peut disposer de la caution, il est vrai; mais peut-il accorder cette dispense dans tous les cas? peut-il priver un héritier réservataire des sûretés que la loi lui ac-

---

[1] Citations de la page précédente, n° 2.

[2] *Sic :* Agen, 11 décembre 1827, S., V, 29, 2, 74; Rejet, 30 juin 1842, S., V, 43, 1, 539; *Contra :* Agen, 28 novembre 1827, S., V, 28, 2, 99.

[3] Proudhon, *Usufruit*, t. II, p. 818.

corde quant à sa réserve? Nous ne le croyons pas. Cette dispense, pensons-nous, ne peut être accordée que dans le cas où le donateur, en donnant l'usufruit d'une chose à une personne, la nue propriété à une autre, peut priver cette dernière de la nue propriété et ne se trouve pas forcé de la lui conférer. Mais, dans la situation qui nous occupe, le donateur ne peut, en accordant l'usufruit à son époux, priver ses descendants de leur réserve légale; il ne peut rendre cette réserve incertaine en enlevant les sûretés dues pour la conservation de la chose; aussi, nous rangeant à l'opinion de M. Proudhon, voyons-nous dans la caution une sûreté nécessaire, dont on ne pourrait priver à aucun prix les héritiers réservataires. La loi déclare formellement que la légitime doit rester intacte, et elle ne voudrait, par la dispense de la caution, laisser les droits des réservataires sans garantie. Vainement nous objectera-t-on les art. 601 et 618 du Code Napoléon; le premier ne parle que du cas où l'usufruitier est dispensé de la caution par l'acte constitutif de l'usufruit, aussi ne peut-il être applicable à notre sujet. Le deuxième, concédant au nu propriétaire le droit de faire cesser l'usufruit par abus de jouissance de l'usufruitier, ne sauvegarde les droits du nu propriétaire que pour l'avenir, et ne lui assure aucune indemnité pour les dommages accomplis.

Nous opposera-t-on le droit exceptionnel qui régit les dispositions entre époux? nous parlera-t-on de l'affection qu'un époux donataire doit avoir pour ses enfants ou pour ses ascendants, et par suite de la garantie contre sa mauvaise foi? Le droit des réservataires est aussi un droit exceptionnel, un droit que la loi a entouré de tous ses soins; l'affection est souvent une garantie insuffisante, et nous croyons qu'il y aurait danger à remplacer les garanties réelles par des raisons de sentiment [1].

§ 2. *De la quotité disponible quand le donateur a des enfants d'un précédent mariage.*

118. Plusieurs fois déjà nous nous sommes occupé de l'effet des seconds mariages quand il reste à l'époux donateur des enfants du premier lit. Il nous faut voir ce que le Code Napoléon a conservé des principes que lui a transmis sur ce point l'ancienne législation. Trois articles sont consacrés à cette matière : l'un, l'art. 1098, s'occupe expressément de la quotité disponible; les deux autres, les art. 1496, 2°, et 1527 du Code Napoléon, s'y rattachent, mais d'une manière indirecte, comme nous le verrons tout à l'heure.

119. Nous remarquerons que ce serait mal saisir l'esprit de la loi que de voir dans les mesures sévères qu'elle édicte à l'occasion des seconds mariages, l'intention de frapper ces derniers en tant que seconds mariages, et de faire ainsi revivre les règles de l'ancien droit canonique; l'Église, dans le concile de Néocésarée (an 314), avait puni les seconds et prohibé les troisièmes [2].

L'intention du l'égislateur est aujourd'hui toute autre, et, laissant chacun libre de suivre ses affections tempo-

[1] *Sic :* Arrêts, Nancy, 24 mai 1825 S., V, 25, 2, 362; Douai, 20 mars 1833, S., V, 33, , 196 ; Paris, 9 novembre 1836, S., V, 36, 2, 536; Douai, 18 mars 1842, S., V, 43, 2, 9 ; Auteurs: Proudhon (*Usufr.*; Duranton, IV, 611 ; Zachariæ, II, p. 9; Dalloz, *Usufr.*, ch. 1er, sect. 3; Marcadé, art. 1094, n° 4; *Contra :* Paris, 2 mai 1845, S., V, 45, 2, 353 ; Massé, *Parf. notaire*, t. 1, p. 197, n° 3; Rejet, 17 mai 1843, S., V, 43, 1, 481.

[2] Laboulaye, *De la condition civile des femmes*, p. 53.

relles ou ses convictions religieuses, il ne veut pas punir les seconds mariages, mais sauvegarder les droits des enfants du premier lit; son but et son but unique est « de tempérer l'amour conjugal par l'amour paternel »[1]; et s'il n'existe pas d'enfants du premier lit, toutes les restrictions disparaissent. Ce caractère des dispositions édictées à l'occasion des secondes noces, en révèle les motifs; il s'agit d'intérêts beaucoup plus positifs. Le législateur craint qu'une nouvelle affection, d'autant plus vive qu'elle est plus récente, ne porte atteinte à celle des enfants et ne parvienne à la détruire. On comprend que cette crainte serait sans fondement pour des enfants communs (art. 1094), et que des règles plus sévères soient nécessaires pour sauvegarder les droits des enfants du second lit.

Une seconde raison appuie la nécessité de telles règles; s'il s'agit d'enfants communs, les biens donnés par l'époux retomberont nécessairement dans la possession des enfants, soit à la mort du donateur, soit à celle du donataire; ce retour étant inévitable, les enfants n'éprouveront jamais de lésion réelle. Il n'en sera pas de même dans le cas prévu par l'art. 1098 du Code Napoléon; les biens sortis du patrimoine du donateur entrent dans un patrimoine sur lequel les enfants du premier lit n'ont aucun droit; les enfants ne peuvent espérer les voir revenir en leur possession, et sont menacés d'une perte inévitable.

120. Ce sont ces raisons qui ont conduit le législateur à établir deux dérogations au droit commun, dans le but de protéger les intérêts des enfants du premier lit.

[1] Fenet, t. V, p. 268.

D'abord, il a assujetti à des limites spéciales les libéralités qu'une personne ayant des enfants peut faire à son second conjoint; qu'il s'agisse de donations par contrat de mariage ou faites pendant le mariage, c'est l'objet de l'art. 1098 du Code Napoléon. De plus, il a dans ce cas regardé, comme étant à titre gratuit, certaines dispositions qui d'ordinaire sont considérées comme à titre onéreux, et a augmenté ainsi le nombre des avantages sujets à la réduction en vertu de l'art. 1098 du Code Napoléon. C'est ainsi que les conventions matrimoniales, que la loi regarde comme des conventions entre associés (art. 1516), deviennent réductibles quand l'un des époux a des enfants d'un premier lit (Code Nap., art. 1496, 1527). Il en est de même des avantages indirects résultant de la simple renonciation faite par le veuf ou la veuve à une succession ou à un legs qu'il était appelé à recueillir de préférence à son nouvel époux ou conjointement avec lui. Il en est encore de même de ceux qui résulteraient pour le nouvel époux de la confusion des deux mobiliers présents et des dettes respectives (Code Nap., art. 1496, 2°), et de toutes les clauses qui tendraient à détruire au profit du nouvel époux l'égalité des apports ou du partage, telles que l'ameublissement, le préciput conventionnel, le forfait de communauté[1].

On comprend, du reste, parfaitement cette nouvelle rigueur de la loi; outre qu'en cas d'existence d'enfants du premier lit, la multiplicité des conventions matrimoniales est plus à craindre, les interversions de fortune, par suite des conventions, sans effet pour les enfants com-

---

[1] Zachariæ, § 690, t. V; Toullier, V, 891 et suiv.; Duranton, IX, 805 et suiv.

muns appelés aux successions de leurs père et mère, seraient fatales souvent pour ceux qui n'ont d'espérance que sur l'un des patrimoines.

Aussi l'idée d'établir des règles spéciales est loin d'être nouvelle. La pensée politique qu'Auguste avait transmise à ses successeurs, et que ceux-ci avaient soigneusement gardée, devait finir par s'évanouir. Au système d'Auguste, qui avait été de multiplier les familles, un système nouveau avait été substitué : c'était de conserver la famille existante et de lui assurer son patrimoine, de la préserver des orages que font naître les querelles d'intérêt entre les différents lits. Le peu de faveur avec lequel le christianisme envisageait les secondes noces permettait de s'occuper de ces intérêts jusque-là oubliés pour des considérations politiques. Les trois remarquables Constitutions du Bas-Empire, connues sous le nom de *Feminæ quæ*[1], *Generaliter*[2], *et Hâc edictali*[3], en sont la preuve. Ces Constitutions, confirmées par les conciles de l'Église, ordonnaient à l'époux remarié de conserver aux enfants du premier époux les biens qu'il avait reçus de celui-ci et lui défendaient de donner à son nouvel époux plus que ne prendrait dans sa succession celui des enfants le moins avantagé.

Survivant aux invasions des barbares, adoptées en partie par ces derniers, elles donnèrent naissance à l'édit des deuxièmes noces, lequel à son tour admis par le droit coutumier et le droit écrit, annulé en vain par la loi du 17 nivôse, se trouve reproduit dans l'art. 1098 du Code Napoléon. Cette reproduction ne fut cependant

---

[1] *C.*, l. 3, *de secundis nuptiis.*

[2] *C.*, l. 5, *de secundis nuptiis.*

[3] *C.*, l. 6, *de secundis nuptiis.*

pas complète; les mœurs de l'époque et l'esprit du Code Napoléon rendaient inacceptable la disposition du deuxième chef de l'édit; elle contenait, en effet, une substitution légale, substitution que le Code a abolie en principe en l'art. 896, et réglait la dévolution des biens par suite de leur origine, mode d'attribution prescrit par l'art. 732 du Code Napoléon.

ART. 1er. *Restrictions édictées par l'art. 1098 du Code Napoléon.*

121. La rédaction précise, le caractère restrictif de l'art. 1098 lui donnent une portée plus facile à saisir que celle que nous avons reconnue à l'art. 1094 du Code Napoléon. La corrélation qu'il établit entre le droit des enfants du premier lit et ceux du deuxième lit exclut toute crainte de conflit entre les deux positions et écarte les combinaisons difficiles que nous avons vues précédemment l'art. 1094 du Code Napoléon faire naître. Dès l'instant qu'il ne fait qu'ajouter dans un cas donné à la sévérité des règles ordinaires, ses rapports avec les règles ordinaires sont faciles à déterminer, et nous allons les voir se dessiner sans difficulté par la seule énonciation des différentes hypothèses que peut présenter son application.

Mais, auparavant, observons que le taux établi par l'article dont nous nous occupons, régit, sans doute aucun, les donations faites pendant le deuxième mariage, de même que celles faites par le contrat qu'amène ce deuxième mariage. Il faut même aller plus loin, et décider qu'il pourrait régir les donations faites avant le mariage. En principe, il est évident que l'art. 1098 ne parle positivement que des donations faites par une personne veuve à son nouveau conjoint, c'est-à-dire à celui qui est actuellement son conjoint. Néanmoins, il paraît naturel d'étendre cette disposition au cas où, la donation ayant précédé le deuxième mariage, il serait constaté en fait que le projet du mariage l'a seul amenée. Le calcul qui tendrait à soustraire ainsi les époux à la disposition de l'art. 1098 par un détour, ne devrait évidemment pas recevoir la sanction des tribunaux.

122. Ceci dit, cinq positions sont à examiner pour suivre tous les cas d'application de l'art. 1098. Il peut se faire que l'époux donateur qui veut gratifier son deuxième conjoint: 1° n'ait pas d'enfants du premier lit; 2° qu'il en ait; 3° qu'il ait des enfants des deux lits; 4° qu'il ait des ascendants; 5° qu'il n'ait pas de réservataires.

Nous écartons tout d'abord, comme déjà prévues, les première, quatrième, cinquième positions, pour lesquelles l'art. 1098 du Code Napoléon n'ajoute rien à ce qu'a déjà édicté l'art. 1094. Nous venons de dire, en effet, que la présence seule des enfants du premier lit motive les restrictions édictées par l'art. 1098; donc, s'il n'y a pas d'enfants de cette classe, la quotité disponible au profit du deuxième conjoint est celle qu'établit l'art. 1094 du Code Napoléon[1].

Et si, à défaut d'enfants, soit du premier lit, soit du second, l'époux donateur se trouve en présence d'ascendants réservataires, la même remarque nous conduit à dire, qu'alors encore le disponible au profit du deuxième conjoint est celui qui résulte des dispositions de l'art. 1094[2]. Enfin, s'il n'y a pas de réservataires, les conjoints peuvent se donner, qu'il s'agisse d'un premier

[1] Voir ci-dessus, n° 108.
[2] Voir ci-dessus, n° 112.

ou d'un deuxième mariage, la totalité de leur patrimoine, aux termes de l'art. 916 du Code Napoléon[1].

L'art. 1098 n'a donc trait, en tant au moins qu'édictant des règles spéciales, qu'aux positions deux et trois, s'il y a des enfants du premier lit, s'il y a des enfants des deux lits; ces deux hypothèses n'en font qu'une au point de vue de l'application. D'une part, en effet, les enfants du premier comme ceux du deuxième lit viennent au même titre à la succession du donateur (Code Nap., art. 745); d'autre part, la présence d'enfants du premier lit ne limitant pas le disponible à une quotité fixe, mais emportant nécessité d'un rapport entre ce disponible et la part de chaque enfant, l'existence d'enfants du deuxième lit n'aura d'autre influence que de diminuer d'autant cette part d'enfant dont parle l'art. 1098, et qui sert à établir la quotité disponible au profit du deuxième conjoint.

Nous n'avons donc à nous occuper que de la présence des enfants du premier lit, tout en nous rappelant que les restrictions qui en résultent, dépendent du nombre d'enfants que laisse le donateur, sans qu'il y ait à distinguer si ces enfants sont du premier ou du second lit.

123. Or, dans ce cas la fixation de la quotité disponible au profit du deuxième conjoint repose sur les trois principes suivants, qui apportent une triple restriction au disponible ordinaire entre époux:

1° La quotité disponible n'est jamais que d'une part d'enfant.

2° Elle n'est que de la part de l'enfant le moins prenant dans la succession du donateur.

[1] Voir ci-dessus, n° 107.

3° Elle ne peut jamais excéder le quart de cette succession.

124. Par ces mots, *une part d'enfant*, la loi indique que le deuxième conjoint donataire doit être compté pour un enfant de plus; ainsi la personne veuve, qui se remarie, peut, si elle a quatre enfants, donner à son nouveau conjoint un cinquième de ses biens; si elle a cinq enfants, un sixième. Mais elle ne pourrait dans ces hypothèses donner un quart ou un cinquième indifféremment, car alors le second époux aurait plus qu'une part d'enfant.

125. Pour le calcul de cette part d'enfant on ne distingue pas, nous l'avons déjà dit, les enfants du premier de ceux du deuxième lit; mais on ne compte pas ceux qui par refus, incapacité, indignité, ne sont pas héritiers (Code Nap., art. 785). C'est une conséquence de principes, généralement admis, sur les droits des renonçants en matière de réserve; il est à remarquer cependant que cette question des droits du renonçant prend une physionomie spéciale lorsqu'il s'agit de la réserve établie au profit du premier lit par l'art. 1098 du Code Napoléon. Sous l'empire de l'édit des deuxièmes noces, la généralité des auteurs[1] prétendait qu'il n'y avait pas dans le droit à la réduction un droit successoral, mais un bénéfice résultant de l'édit, qui n'en n'avait pas subordonné la jouissance à la qualité d'héritier. Or, l'art. 1098 reproduisant l'édit des deuxièmes noces, ne doit-il pas être interprété comme l'était l'édit. Cette doctrine provenait du droit romain et de la constitution *Hâc edictali* à laquelle s'était inspiré l'édit. On sait que, dans les pays

---

[3] Lebrun, *Succession*, l. II, ch. 5, sect, 4; Pothier, *Donations*, n° 568.

de droit écrit, la légitime était due *jure sanguinis et non jure hereditario*, d'où cette renonciation détruisant les droits successifs, mais ne touchant rien aux droits résultant du sang, il fallait accorder la réserve à tous les enfants, même renonçants. On aurait pu, nous croyons, contester la légitimité de ces idées dans les pays coutumiers, où, pour avoir quelque chose dans une succession, il fallait être héritier : *apud nos non habet legitimam nisi qui hæres est*, mais aujourd'hui nous ne croyons pas que cette question soit possible, et la réserve organisée pour le cas particulier qui nous occupe, ne peut avoir une autre nature que la réserve ordinaire[1].

Si l'un des enfants du premier degré était prédécédé, il serait représenté par ses propres enfants (Code Nap., art. 914), et la part de l'époux se calculerait sur celle des souches. Qu'arrivera-t-il si tous les enfants du premier degré étant morts, les petits-enfants venaient directement à la succession du conjoint disposant? L'époux pourra-t-il recevoir autant que s'il était en face des enfants au premier degré prédécédés, ou bien les petits-enfants pourront-ils prétendre qu'il ne pourra avoir qu'une part égale à la leur. La question résolue dans ce sens sous l'empire de l'édit des deuxièmes noces[2], doit l'être dans le premier sens sous l'empire du Code, l'époux devra avoir une part d'enfant et non de petit-enfant.

La circonstance, en effet, que les enfants sont morts, doit être indifférente pour le conjoint; elle ne lui procure aucun avantage, elle ne doit pas lui nuire[3]. Les expres-

---

[1] Voir opinion contraire : Grenier, n° 706; Cassation, 17 mai 1843, S., 43, 1, 189; 21 juillet 1846, S., 46, 1, 826.

[2] Ricard, n° 1272; Lebrun, *Succession*, l. II, ch. 6, sect. 1; Pothier, n° 565.

[3] *Sic :* Toullier, t. V, n° 877.

sions de l'édit : « leurs enfants ou enfants de leurs enfants » se prêtaient à l'interprétation signalée ; mais le
Code n'a parlé que d'une part d'enfant, et, d'ailleurs,
une solution contraire contrarierait tous les principes
de la représentation et du partage par souche.

126. Il ne suffit pas que la libéralité faite au second
conjoint ne dépasse pas une part d'enfant; il faut de
plus qu'elle ne dépasse pas la portion héréditaire de l'enfant le moins prenant dans la succession du donateur.

L'égalité des partages entre enfants est un des principes fondamentaux du droit moderne; le sexe ni la
primogéniture ne sont plus des causes de préférence
(Code Nap., art. 745). Aussi cette deuxième restriction est-elle d'une moins fréquente application qu'autrefois; cependant elle s'applique encore lorsque l'un
ou plusieurs des enfants ont reçu des avantages par
préciput ; ce n'est pas alors sur la portion de l'enfant
préciputaire, mais sur celle de l'enfant qui a le moins
que se calculera la part susceptible d'être donnée au
conjoint.

127. Du reste, il est évident qu'il faut entendre par
la part d'enfant le moins prenant celle à laquelle chaque
enfant a droit, et non celle qu'un des enfants pourrait
avoir en fait. Si donc un enfant voulait bien se contenter
d'une portion moindre que la réserve, le conjoint ne serait pas obligé de souffrir une réduction proportionnelle; la loi prévoit ici la part d'enfant qu'elle a
fixée, et ses dispositions seraient par trop vagues si le
terme de comparaison qu'elle prend pouvait varier au
caprice des intéressés. Nous croyons cependant que,
nonobstant ce principe, la part de l'enfant peut dans
un cas être légalement moindre que la réserve, et que

dès lors la part de l'époux devra être réduite dans les mêmes limites. Cette impossibilité pour l'enfant de réduire sa part de manière à influer sur la part du conjoint n'existe que si cette restriction est volontaire; mais, s'il est un cas où cette restriction au-dessous de de la réserve constitue un droit pour le disposant, il est clair alors que c'est elle qui fixera ce que l'on appelle la part d'enfant et par conséquent la part de l'époux. Or, ceci se présente dans le cas de partage d'ascendants.

Aux termes de l'art. 1079 du Code Napoléon, tout partage d'ascendants peut être attaqué pour cause de lésion de plus du quart, et quand, par suite de dispositions par préciput, un des copartagés se trouve avoir plus que sa réserve et le disponible réunis. Mais, en supposant que ce que prend en moins l'un des copartagés, au lieu de se réunir à la part d'un autre, en l'exposant à tomber sous le coup de la deuxième cause de réserve, passe en des mains étrangères, tout enfant qui aura les trois quarts de sa part virile des biens partagés, ne pourra se plaindre, quand même il aurait moins que sa réserve, et s'il n'a pas ces trois quarts, il pourra se plaindre, quand même il aurait plus que sa réserve. Supposons, par exemple, deux enfants, un patrimoine de 240,000 francs, la quotité disponible, qui est de 80,000 fr., donnée à un étranger. Si les 160,000 fr. restant sont partagés entre les enfants de telle sorte que l'un obtienne 100,000 fr., l'autre 60,000 fr., il n'y aura pas lieu à rescision, quoique la réserve soit gravement atteinte, parce qu'il n'y a pas lésion de plus du quart, mais seulement du quart [1]; dans ce cas, la part d'enfant le moins

---

[1] Zachariæ, § 734, note 1.

prenant, qui indique le taux disponible entre époux , sera inférieure à la réserve. Nous n'admettons que sauf cette exception la règle posée par M. Marcadé[1] : que la portion disponible au profit du deuxième conjoint ne peut pas être moindre que la réserve de l'un des enfants. Du moment où les héritiers peuvent être forcés d'accepter les règles du partage et de voir leur part dans la succession inférieure quelquefois à leur réserve, nous ne voyons pas pourquoi l'époux donataire, dont les droits sont fixés sur ceux des enfants, pourrait réclamer contre une diminution à laquelle un héritier pourrait être astreint.

128. Une dernière question importante à poser sur cette partie de l'article, c'est de savoir si l'on doit comprendre les biens sujets à rapport dans la masse sur laquelle se calcule la part d'enfant à laquelle peut être appelé un second époux.

Dans l'ancien droit, Pothier[2] décidait que l'époux, ayant droit à une part d'enfant, devait, pour l'obtenir, avoir les mêmes moyens qu'un enfant, et pouvait dès lors exiger le rapport réel des donations faites aux enfants. Denisart[3] ne donnait à l'époux que le droit à un rapport fictif, comme opération de calcul, et c'est là la doctrine à laquelle il faut s'arrêter. Vainement on nous objectera l'art. 857 du Code Napoléon, qui dit que le rapport n'est pas dû aux légataires; nous répondrons que sans doute le rapport réel ne pourrait pas être demandé par le conjoint, mais qu'on ne peut lui refuser le rapport fictif que l'art. 922 du Code Napoléon fait en-

---

[1] Marcadé, art. 1098, n° 2.
[2] Pothier, *Donations entre mari et femme*, n° 603.
[3] Denisart, V, *Rapport*, n° 71.

trer dans la série des opérations de calcul au moyen
desquelles on arrive à fixer la quotité disponible. Si
cette faculté était refusée à l'époux, il dépendrait de son
conjoint de réduire à rien la libéralité qu'il avait faite,
par de simples dispositions en avancement d'hoirie au
profit d'un de ses enfants.

Mais il y a loin de là à admettre que l'époux donataire ou légataire pourra prendre les biens rapportés.
Autre chose est fixer le chiffre que peut atteindre une
libéralité, autre chose déterminer les biens qui peuvent
être employés à solder un donataire. Sans demander le
rapport pour lui-même, l'époux peut faire observer aux
enfants qu'au moyen du rapport auquel ils ont droit,
leur part était de telle valeur et demander pour lui une
part égale; seulement cette part, il la retiendra sur
les biens à lui donnés ou bien la prendra sur les biens
existant au décès, sans pouvoir rien prétendre sur les
biens rapportés. C'est de cette manière que l'époux peut
invoquer le rapport sans en profiter, conformant ainsi
sa conduite aux art. 857 et 922 du Code Napoléon, rapport fictif pour lui, réel pour les enfants, et telle est
bien l'intention du législateur, qui veut que la part de
l'époux soit égale à la part d'un enfant, laissant de côté
la question de savoir quels biens peuvent faire l'objet de
libéralités[1].

129. Enfin, non-seulement la loi défend de donner au
nouvel époux plus qu'une part d'enfant, non-seulement
elle veut que cette part soit celle de l'enfant le moins

---

[1] *Sic:* Rejet, 8 juillet 1826, S., 26, 1, 313; 13 mai 1828, S., 28, 1,
201; Paris, 7 mars 1840, S., 40, 2, 426; Zachariæ, § 694, n° 32; Duranton, t. VII, n° 294; Marcadé, art. 857, n° 3, art. 1098, n° 2; *Contra:*
Toullier, t. IV, n° 465; Merlin, v° *Rapport*, § 7, n° 4; Cassation, 8 décembre 1824, S., 25, 1, 13.

prenant, elle exige en outre qu'en aucun cas ces donations dépassent le quart des biens.

Accorder purement et simplement au nouvel époux une part d'enfant, même d'enfant le moins prenant, c'eût été lui accorder un tiers ou une moitié lorsqu'il n'y avait qu'un ou deux enfants, et l'assimiler complétement au premier époux (Cod. Nap., art. 1094); l'édit des deuxièmes noces avait arrêté là ses dispositions, se contentant de reproduire la constitution *Hâc edictali.* L'art. 176 du projet du Code, plus sévère que l'édit des secondes noces, fixait la quotité disponible du nouvel époux à une part d'enfant en usufruit seulement. Sur les observations de Cambacérès, cette part put être donnée en toute propriété, mais en même temps que cette restriction était levée, une autre plus importante était acceptée sur la proposition de M. Berlier, qui décidait que, quel que fût le nombre des enfants, quand même il n'y en aurait qu'un, cette part de l'époux ne pût s'élever à plus du quart des biens[1]. Ce n'est donc qu'autant qu'il y a plus de trois enfants qu'il est complétement vrai de dire que la quotité disponible au profit du second conjoint est égale à une part d'enfant.

130. Cette troisième restriction n'a été formulée expressément au moins que pour le cas le plus ordinaire, le cas d'un second mariage, non suivi d'un troisième. Cette limitation de la quotité disponible au quart des biens, lorsque la part d'enfant serait supérieure, est alors d'une application facile; mais comment faut-il entendre cette restriction quand il y a plusieurs convols successifs? peut-on donner à chaque nouvel époux la part fixée par

[1] Fenet, t. XII, p. 416.

l'art. 1098 du Code Napoléon, sauf à ne pas excéder par toutes les donations réunies le disponible ordinaire? Ou bien peut-on donner une part d'enfant à chacun également, sauf à ne pas excéder par toutes les donations réunies le quart des biens? Ou bien, enfin, ne peut-on donner en tout qu'une part d'enfant?

Rien, ni dans les textes, ni dans les travaux préparatoires ne répond d'une manière positive à la question, et si nous adoptons la troisième solution proposée, c'est uniquement par suite de sa conformité à l'esprit général du Code en cette matière et par suite d'influences historiques. Le premier système, qui n'a guère de défenseurs[1], se heurte contre les mots mêmes de l'article : sans que dans aucun cas ces donations puissent excéder le quart. Il se fonde cependant sur le texte même de la loi, et, invoquant cette circonstance que l'art. 1098 parle d'un second ou subséquent mariage, conclut qu'il faut entendre l'art. 1098 dans un sens distributif; que les mots à son nouvel époux signifient à chacun de ses nouveaux époux, et que, pourvu qu'en faisant le total de ces dispositions, on ne dépasse pas la quotité disponible de l'art. 913 du Code Napoléon, on pourra donner à chacun d'eux une part d'enfant le moins prenant, pourvu qu'elle n'excède pas le quart des biens (Duranton, IX, 804). D'après cela, ces mots « ces donations » signifieraient, non pas toutes ces donations ensemble, mais chacune de ces donations. Mais telle ne peut-être la pensée de la loi; il est vrai qu'elle s'occupe de second ou subséquent mariage, mais ne suppose qu'une seule donation faite au deuxième ou subséquent conjoint, et la preuve c'est

[1] Duranton, t. IX, n° 804.

qu'elle ne dit pas second et subséquent mariage, ni second ou subséquent, ce qui montre qu'elle ne pense qu'à l'un d'eux, donc qu'à une donation. Le deuxième système serait moins contraire aux textes, puisqu'il respecterait la limitation au quart[1], mais il attache à cette limitation un sens que rend inadmissible l'examen des travaux préparatoires. Il résulte en effet de ces travaux préparatoires que les mots : « sans que dans aucun cas » ne faisaient aucune allusion au cas de plusieurs convols, mais bien au cas où la part d'enfant serait de plus du quart, et qu'on ne s'en est servi que comme restriction à la règle qui permet de donner cette part d'enfant.

Ce qui est positif, c'est qu'il ne fut rien statué ni même prévu sur le cas qui nous occupe, et forcé de nous en rapporter à la pensée supposée de la loi, nous croyons que le disponible fixé par l'art. 1098 ne peut être donné qu'une fois, soit à un conjoint, soit à plusieurs. D'abord, telle était la disposition de l'édit des deuxièmes noces et même du droit antérieur. La Constitution *Hâc edictali* disait formellement : *Si ad secunda vel tertia vel repetita vota migraverit*[2]. L'édit n'était pas moins explicite, puisqu'il parlait de nouvelles noces et de nouveaux maris. Ricard[3] et Pothier[4] admettaient avec tous les auteurs que la part d'enfant ne pouvait être donnée qu'une fois. Or, rien n'indique que les rédacteurs du Code aient voulu s'écarter de ces principes ; de plus, comment supposer qu'ils aient voulu élargir sur ce point l'ancien

---

[1] Demante, t. II, n° 512.
[2] *C.*, 16, *præ. secundis nuptiis.*
[3] Ricard, *Donations*, n° 1321.
[4] Pothier, *Donations entre mari et femme*, n° 566.

disponible, alors que, dans le même article, ils le restreignaient sous un autre rapport, en ne permettant pas
de donner la part d'enfant quand elle excéderait le
quart. Enfin, même en admettant que les rédacteurs
du Code n'aient pas pensé à cette hypothèse, leur intention de maintenir en général les dispositions de l'édit
est formellement énoncée. « On a maintenu, dit-il, cette
sage disposition[1].

131. Comme conséquence de cette doctrine, il va de
soi que, dans l'exercice de leurs droits, le premier époux
passera avant le second, le second avant le troisième,
car l'excès ne peut donner lieu qu'à une action en réduction, dans l'exercice de laquelle il faudra suivre
l'ordre tracé par l'art. 923 du Code Napoléon[2].

ART. 2. *Personnes au profit desquelles existent ces restrictions.*

132. Des différences que nous avons signalées à plusieurs reprises entre les restrictions au droit de disposer
provenant d'incapacité et celles provenant d'indisponibilité, il résulte qu'indépendamment de la fraction des
chiffres, il faut, pour saisir le caractère de ces restrictions, savoir encore dans l'intérêt de qui elles sont
établies. Nous n'avons pas parlé de ceci à propos de
l'art. 1094 du Code Napoléon, les personnes intéressées
étant alors les réservataires ordinaires. Dans l'art. 1098
du Code Napoléon il s'agit bien également des réservataires ordinaires; mais, comme les restrictions établies
le sont, directement au moins, au profit des enfants du
premier lit, la question a été soulevée de savoir s'il ne

---

[1] Fenet, t. XII, p. 573; Toullier, V, 882; Zachariæ, § 690, n° 39;
Marcadé, sur l'art. 1098, n° 111.

[2] *Sic:* Ricard, n° 1322; Merlin, v° *Secondes noces,* § 7, art. 2.

fallait pas dans ce cas séparer les réservataires en deux classes : l'une comprenant les enfants du premier lit, l'autre comprenant ceux du deuxième lit ; les premiers seuls pouvant invoquer les dispositions de l'art. 1098 du Code Napoléon.

133. D'abord, quelles personnes rentrent dans cette expression d'enfants du premier lit. Ce sont avant tout celles au profit desquelles a été portée expressément la triple restriction que nous connaissons, c'est-à-dire les enfants issus du précédent mariage, existant au décès de l'époux remarié, ou, s'ils sont morts, leurs descendants. Il faut également y faire rentrer les enfants légitimés par le premier mariage, mais nous ne mettrons pas sur la même ligne les enfants adoptés soit pendant, soit même avant le premier mariage. La loi, il est vrai, art. 350 du Code Napoléon, leur donne les droits d'enfants légitimes, mais elle ne les rend pas enfants du premier lit, elle ne peut leur accorder dès lors les avantages particuliers à cette position. Bien entendu, comme il s'agit de réserve, il ne suffirait pas que ces personnes fussent capables de succéder, il faudrait qu'elles se portassent héritiers [1].

Mais de ce que ces personnes soient les seules que la loi ait spécialement énoncé dans l'art. 1098 du Code Napoléon, faut-il conclure qu'elles seules pourront profiter des réductions que cet article donne droit de faire opérer ? Il faut bien éviter de confondre le droit de réclamer personnellement le bénéfice de l'art. 1098 du Code Napoléon, et le droit de participer au bénéfice réclamé par les autres.

[1] Voir ci-dessus, o° 125.

134. L'égalité est de la nature du partage, elle doit exister tant que le disposant n'a pas expressément manifesté une volonté contraire, dans les limites où la loi le permet. Ne pas admettre les enfants du second lit au partage des biens rentrés dans le patrimoine par suite de la réduction, ce serait créer au profit des enfants du premier lit un privilége qu'aucune disposition formelle de la loi n'autorise (Code Nap., art. 745). Il est vrai que cette admission des enfants de différents lits au partage des biens réduits était repoussée dans le pays de droit écrit, où, d'après la Nov. 22, ch. 27, l'on décidait que le bénéfice de la réduction constituait un privilége au profit des enfants du premier lit : « *et inter eos solos dividetur ut...*» Eux seuls avaient l'action de retranchement, eux seuls avaient droit au bénéfice qui en résultait. Mais dans les pays coutumiers une décision contraire était suivie.

D'après la Constitution *Quoniam* (*C. 9 de secund. nuptiis*) : « *non solum ait, filios prioris matrimonii, sed etiam ad eos qui ex secundis nuptiis nati fuerunt, pertinere et capta inter omnes dividenda sancimus.*» Cette Constitution de Justinien, réformée dans Nov. 22, avait, elle-même, modifié la Constitution *Hac edictali,* qui n'accordait l'action et son bénéfice qu'aux enfants du premier lit[1]. La solution de la Constitution *Quoniam* est celle qu'il faut admettre sous l'empire du Code Napoléon. Faire revivre la Nov. 22, ce serait transformer en privilége pour les enfants du premier lit une disposition qui ne devait être pour eux qu'une protection.

135. Sur ce point, il y a accord complet dans la doctrine, mais la controverse est vive sur le point de savoir

[1] Lebrun, *Succession*, l. II, chap. 6, sect. 1.

si toutes ces personnes que nous admettons à partager
l'émolument de l'action, ont également le droit d'intenter cette action. La Constitution *Quoniam* était à peu
près formelle sur ce point; car, d'après elle, les enfants
du second lit n'avaient pas droit à retranchement par
eux-mêmes, mais seulement par leur concours avec
ceux du premier. Cependant la plupart des anciens auteurs ne distinguaient pas entre le droit de profiter de
l'action et le droit de l'intenter. Le plus grand nombre
des auteurs modernes suivent aujourd'hui la même doctrine[1]. Nous préférons la doctrine opposée pour les
raisons suivantes, dont nous empruntons la sévère exposition à M. Marcadé: «Pour faire rentrer ces biens
dans la succession, il faut faire opérer le retranchement de la donation; pour faire opérer ce retranchement, il faut attaquer la donation comme excessive;
mais, pour critiquer une libéralité comme excédant telles
limites, il est clair qu'il faut être du nombre de ceux au
profit desquels ces limites ont été posées[2]. C'est à titre
de copartageant que nous admettons tous les enfants
sans distinction à profiter de la réduction; ce ne peut
être qu'en qualité de réservataires qu'ils peuvent être
admis à l'exercice de l'action; or, dans le sens de l'art.
1098 du Code Napoléon, les enfants du second lit ne
sont pas réservataires.

136. Cette dépendance où se trouvent placés les enfants du second lit vis-à-vis de ceux du premier, a fait
surgir la question suivante: les enfants du second lit,
admis à profiter de la réduction, peuvent-ils la provo-

---

[1] Duranton, t. IX, n° 817; Toullier, t. V, n° 879; Bugnet sur Pothier,
Contrat de mariage, t. VI, p. 439.

[2] Marcadé, art. 1098, n° 5.

quer, dans le cas où les enfants du premier lit négligent de le faire ou ne le veulent pas? On comprend quelle doit être sur ce point la réponse des auteurs dont, sur la question précédente nous avons combattu la doctrine.

D'après eux, par cela seul que le droit de demander la réduction est ouvert dans la personne des enfants du premier lit, il se communique aux enfants du nouveau mariage qui, étant appelés à participer au bénéfice de la réduction, ne peuvent en être privés par l'inaction des premiers ou par leur renonciation. S'il en était autrement, disent-ils, le principe que les enfants des différents lits succèdent également serait violé; le droit dont seraient investis les enfants du premier mariage n'existerait pas au profit des enfants du second mariage, et la loi justifierait les fraudes et les connivences qui pourraient s'établir entre les enfants du premier lit et le nouvel époux.

Nous repoussons cette doctrine, sauf dans le cas de fraude, de collusion entre les enfants du premier lit et le nouvel époux: *fraus omnia corrumpit;* mais hors de là nous répondons ici comme sur la première question en niant l'existence d'un droit propre et personnel chez les enfants du second lit. La preuve en est qu'en cas de prédécès des enfants du premier lit, il ne pourrait être question de réduction. Comment songerait-on à y procéder, quand ces mêmes enfants renoncent? Ils sont, dit l'art. 785 du Code Napoléon, censés n'avoir jamais été héritiers.

137. C'est également une question fort délicate que celle de savoir si le nouvel époux peut partager avec les enfants le profit du retranchement opéré contre lui-même, de manière à avoir dans toute l'acception du

168

mot une part d'enfant; dans l'ancien droit, la plupart des auteurs admettaient l'époux à ce partage, en se fondant sur ce que sans cela il n'aurait pas la part d'enfant que l'édit lui attribuait[1]. La même doctrine doit être suivie sous le Code Napoléon; c'est une conséquence des art. 857 et 921. Le seul moyen d'empêcher que le nouvel époux ait moins que ce qui lui est accordé, c'est de réunir fictivement à la masse des biens existants, dettes déduites, la valeur qui lui a été donnée; et de cette masse faire autant de parts qu'il y a d'enfants, plus une part pour l'époux. De cette façon, la part de l'époux se trouvera toujours être en proportion avec la part d'enfant, l'art. 857 respecté et l'art. 921 appliqué.

SECTION III.

SANCTION DES RÈGLES SPÉCIALES A LA QUOTITÉ DISPONIBLE ENTRE ÉPOUX.

§ 1er. *Sanction établie par l'art. 1099 du Code Napoléon.*

138. Toute loi prohibitive a besoin d'une sanction pour être efficace; les restrictions d'indisponibilité appelaient un complément de ce genre; la loi y a pourvu. Dictée par la nature même des dispositions dont elle assure l'observation, cette sanction consiste dans l'action en réduction, ramenant les libéralités excessives au taux fixé par la loi; c'est là le droit commun. En ce qui concerne le disponible entre époux, il semble que le système soit plus compliqué; car l'art. 1099 du Code Napoléon paraît établir une sanction différente, selon qu'il s'agit d'une donation directe, indirecte ou déguisée, et,

---

[1] *Sic:* Lebrun, *Succession*, l. II, ch 6, sect. 1re; *Contra:* Pothier, n° 594.

tout en ne s'occupant que de l'indisponibilité, parle et
de réduction et de nullité : « Les époux ne pourront se
donner indirectement au delà de ce qui leur est permis
par les dispositions ci-dessus. Toute donation ou déguisée ou faite à des personnes interposées sera nulle. »

Dans le droit commun, ces deux mots : *nullité* et *réduction,* ont une signification nette, précise et bien
tranchée. La nullité en matière de disposition à titre gratuit est la sanction des règles de capacité (Code Nap.,
art. 911) et des règles de forme (Code Nap., art. 931 et
1001), la réduction est la sanction des règles sur le disponible (Code Nap., art. 920). Ce qui fait difficulté dans
le sujet spécial des libéralités entre époux, c'est que
l'art. 1099, ainsi que les articles qui le précèdent, ne
s'occupe que de l'indisponibilité, laisse toutes les questions de validité pour capacité et formes telles que
les avait décidées le droit commun, et cependant s'occupe simultanément de réduction et de nullité. On
doit dès lors se demander si ces deux sanctions se
rattachent en même temps à l'indisponibilité, ou bien
restent séparément relatives à deux catégories de pres-
criptions, la nullité assurant l'observation des prescrip-
tions de forme et de capacité, la réduction sauvegar-
dant la réserve.

L'intérêt pratique de cette question est facile à saisir. Si l'on admet que les deux sanctions précitées
restent distinctes eu égard aux règles dont elles assurent
l'exécution, la nullité pourra être invoquée, sans que le
disponible soit excédé, dès qu'il y aura absence des conditions voulues de capacité ou de formes ; si, au contraire, on décide que toutes deux ont trait ici au disponible, il s'ensuivra que même la nullité, dans le sens

où l'art. 1099 prend ce mot, ne pourra être demandée qu'au cas où il y a excès dans la disposition, c'est-à-dire que l'excès ne serait qu'une cause de réduction, dans les donations dissimulées comme dans les donations directes et ostensibles. D'après la première manière de voir, l'art. 1099 devrait être ainsi traduit : les donations ostensibles ou les donations indirectes seront réductibles si elles excèdent la quotité disponible. Les donations déguisées ou faites à personnes interposées seront nulles, même si elles n'excèdent pas la quotité disponible. Si, au contraire, on n'admet qu'une seule et même sanction pour toutes les libéralités, l'expression *nulle* du deuxième alinéa devra être regardée comme synonyme de réductible, et l'art. 1099, n° 2, devra être traduit ainsi : Toute donation, qu'elle soit directe ou indirecte, ostensible ou déguisée, sera réductible au cas d'excès de la quotité disponible, et valable s'il n'y a pas d'excès.

139. Pour soutenir qu'il n'y a qu'une seule et même sanction pour toute sorte de libéralités, et que cette sanction unique est la réduction, on dit que les termes : donations déguisées ou faites par personnes interposées, sont synonymes des mots : avantages indirects ; que les libéralités indirectes sont le genre dans lequel rentrent les libéralités déguisées et autres ; que si donc l'art. 1099 du Code Napoléon s'est occupé séparément de ces différentes modalités de donations, ce n'est pas pour édicter à leur égard des règles différentes, mais pour activer son explication par une énumération plus complète. Le deuxième alinéa de l'art. 1099 ne serait alors qu'un développement du premier ; et si, crainte probablement de trop se répéter, il emploie l'expres-

sion *nulle,* il l'emploie dans un sens où la loi le prend quelquefois comme synonyme de réductible; témoins les art. 911 et 918 du Code Napoléon, où la nullité est prononcée pour des donations qui peuvent n'être que réductibles.

Cette argumentation ne nous paraît nullement exacte. Est-il vrai d'abord qu'il ne faille pas distinguer les libéralités indirectes et les libéralités déguisées, et que l'assimilation entre elles soit tellement complète qu'elle nous contraigne à niveler les deux dispositions de l'art. 1099 du Code Napoléon? Nous ne le croyons pas. La donation déguisée implique chez les parties une intention frauduleuse; la donation indirecte résulte d'un acte passé de bonne foi. Quand je paie les dettes de mon époux, quand, pour lui procurer le droit d'accroissement, je renonce à une succession qui nous est commune, quand j'adopte un régime matrimonial d'où il résulte des avantages pour lui, je fais une libéralité parfaitement ostensible et légale, mais indirecte en ce sens qu'elle ne résulte pas d'un acte portant donation et n'est pas assujettie à l'art 931 du Code Napoléon; si, au contraire, je cache une libéralité sous l'apparence d'un contrat à titre onéreux, je fais une donation dissimulée, illégale, et que l'intention de frauder seule soustrait aux formes de l'art. 931 du Code Napoléon. Il y a donc entre ces deux catégories de libéralités toute la différence qui sépare la loyauté et la dissimulation, la bonne et la mauvaise foi. Et alors, quand je vois la loi, dans l'art. 1099 du Code Napoléon, déclarer les donations indirectes réductibles et les donations déguisées nulles, n'est-il pas rationnel de voir là une sévérité justement proportionnée aux différences que présentent les faits?

Se retranchera-t-on sous la faculté que donne l'exemple de l'art. 911 du Code Napoléon, de prendre le mot *nulle* dans le sens de réductible? c'est une pétition de principe, car nous croyons que ce serait totalement changer l'esprit de l'art. 911 du Code Napoléon que d'y faire la substitution dont il est question. Cet article s'occupe d'une véritable nullité pour incapacité, incapacité que la loi déclare devoir avoir son effet ordinaire, malgré les fraudes au moyen desquelles on voudrait la dissimuler. La terminologie de la loi en cette matière est trop persistante pour qu'on puisse se soustraire à son influence; partout où il est question de nullité partielle (Code Nap., art. 920 à 930, 1496, 1527), les textes parlent de réduction; et s'ils parlent de nullité dans l'art. 1099, 2°, c'est qu'il s'agit de ce que révèle cette expression.

Et alors la réduction, en cas d'excès, reste pour la donation directe ou indirecte; la nullité est prononcée, même quand il n'y a pas excès, pour les donations déguisées ou faites à personnes interposées, pour toutes les donations dissimulées en un mot.

140. M. Dalloz a cherché, par une méthode mixte, à réunir les deux avis opposés. Se rappelant qu'il s'agit ici de la quotité disponible, il propose de décider que la nullité de l'art. 1099, 2°, du Code Napoléon atteint toute donation dissimulée excédant cette quotité, toute donation qui ne l'excéderait pas, étant valable; c'est-à-dire que ces donations dissimulées et ostensibles, inattaquables quand elles existent dans les limites du disponibles, seraient les premières annulées, les secondes réduites en cas d'excès, l'excès étant tantôt une cause de réduction, tantôt une cause de nullité. Mais d'abord,

où cette théorie qui bouleverse toutes les idées de la loi est-elle écrite ? D'après cela, la donation excessive seule serait réputée frauduleuse ! Mais la fraude s'apprécie au moment de l'acte, et l'excès ne pouvant s'apprécier qu'à la mort du donateur, les faits ne viendront-ils pas la plupart du temps démentir cette manière d'apprécier la bonne ou mauvaise foi ? n'arriverait-il pas souvent que la donation exagérée, frauduleuse soit maintenue, et que celle qui aurait été faite en réalité d'une manière loyale serait annulée[1] ?

141. Nous croyons donc qu'il faut reconnaître dans l'art. 1099 deux sortes de sanctions : la réduction pour les libéralités ostensibles faites sans aucune intention de fraude, qu'elles soient directes ou indirectes ; la nullité pour toute libéralité faite avec intention de fraude, qu'elle soit dissimulée sous l'apparence d'un contrat onéreux ou par interposition de personnes. Cette double sanction nous paraît naturelle ; elle est basée sur une distinction peu nouvelle dans le droit. Pothier nous dit que les jurisconsultes romains l'avaient enseignée. « A l'égard, dit-il, des contrats qui renfermaient quelque avantage fait à l'un des conjoints aux dépens de l'autre, les jurisconsultes romains faisaient une distinction entre ceux qui étaient simulés et ceux qui, sans être simulés, renfermaient quelque avantage. Ceux qui étaient simulés, qui n'étaient faits que pour couvrir ou déguiser une donation que l'un des conjoints voulait faire à l'autre, étaient nuls. Les autres étaient valables, on réformait seulement l'avantage prohibé qu'ils renfermaient[2]. »

---

[1] *Rec. péri.*, 1837, 2e part., p. 1.
[2] Pothier, *Donations*, n° 78.

Interpréter la loi dans un autre sens, c'est fournir aux époux un moyen facile d'éluder l'art. 1096 du Code-Napoléon. Ils n'auraient, pour se faire des donations irrévocables, qu'à les déguiser sous l'apparence d'un acte onéreux ou par une interposition de personnes, et ils échapperaient ainsi à la prohibition de la loi; et cependant le législateur tient essentiellement à ce que les libéralités entre mari et femme puissent être révoquées. Remarquons enfin, que si la loi n'avait pas entendu établir une différence entre les deux classes de donations dont parle l'art. 1099, le deuxième alinéa serait sans objet, puisqu'il ne ferait que reproduire la pensée qui est écrite dans le premier[1].

142. Ajoutons, en terminant cette discussion, que la solution que nous admettons a cela pour elle, qu'elle ne fait qu'appliquer ici, à l'occasion des donations entre époux, le système que, malgré les divergences de la jurisprudence et de la doctrine, nous serions porté à admettre sur la question générale de validité des donations indirectes ou déguisées[2].

143. Nous ne dirons qu'un mot sur une première question préjudicielle soulevée sur l'art. 1099 du Code Napoléon, à savoir si cet article s'occupe de donations entre époux en général, ou seulement de donations faites à un deuxième conjoint, en cas d'existence d'enfants d'un premier lit, hypothèse prévue par l'art.

---

[1] *Sic:* Rejet, 30 novembre 1832, S., 32, 1, 134; 29 mai 1838, S., 38, 1, 481; Toulouse, 13 mai 1835, S., 35, 2, 392; Caen, 6 janvier 1845, S., 45, 2, 393; Toullier, n° 901. Grenier, n° 691; Zachariæ, t. V, p. 223; Marcadé, art. 1099, n°s 1 et 2; *Contra:* Paris, 21 juin 1837, S., 37, 2, 322; Bourges, 9 mars 1836, S., 36, 2, 343; Duranton, t. IX, n° 831; Rodier, *Revue de la législation*, t. Ier, p. 472.

[2] Duranton, t. VIII, n° 400; Dalloz, v° *Dispositions entre vifs.*

1098 du Code Napoléon. En suivant l'opinion de la grande majorité des auteurs, nous pensons que notre article, en parlant des dispositions ci-dessus, fait allusion à toutes les règles relatives au disponible entre époux, et non pas seulement à celle dont il venait d'être immédiatement question dans l'art. 1098. L'opinion contraire [1] repose sur la proximité de l'art. 1098. Mais quelle influence cette observation matérielle peut-elle avoir. La loi peut être plus sévère pour les seconds mariages, voir des avantages indirects dans des circonstances où elle n'en trouverait ailleurs (art. 1496, 1527). Mais, une fois les limites diverses établies, quelle raison donner pour établir des sanctions différentes?

144. D'après tout ce qui précède, il est clair que nous n'avons à nous occuper que de la réduction, la nullité se rapportant à un sujet dont parle le second alinéa de l'art. 1099 du Code Napoléon, n'ayant pas trait à la quotité disponible à laquelle nous consacrons exclusivement notre travail.

ART. 1er. *Réduction des libéralités faites à l'époux seul.*

145. Il n'existe aucune difficulté pour cette hypothèse. D'après ce que nous avons vu précédemment et en détail, la quotité disponible entre époux variant suivant le nombre des héritiers laissés par le disposant à son décès, il suffit, pour énumérer les cas de réduction, de parcourir les différentes situations dans lesquelles il se trouvera.

146. S'il existe des enfants d'un premier lit, l'époux ne peut donner qu'une part d'enfant le moins prenant, et jamais plus du quart. Dans cette situation, si l'époux

[1] Toullier, t. V, n° 884 ; Grenier, t. V, n° 691.

a donné à son nouvel époux une quote-part trop considérable de ses biens, comme donation de biens à venir,
elle sera facilement réduite. S'il a donné des objets dé-
terminés dont la valeur excède le disponible, la réduction s'opérera comme il a été dit, d'après les taux fixés
dans la précédente section. Si, enfin, il a donné trop en
usufruit à titre universel ou particulier, on appliquera
l'art. 917, quoique l'application de cet article à l'hypothèse où nous nous plaçons ait été mise en doute, à tort,
nous le pensons. Les héritiers auront le choix, d'exécuter la disposition ou d'abandonner le disponible en
pleine propriété.

147. Si le disposant laisse des enfants communs, le
disponible est, en présence d'un enfant, de la moitié du
patrimoine eu toute propriété, en présence de deux enfants ou plus, d'un quart en propriété, plus un quart en
usufruit (Code Nap., art. 913 et 1094); dans tous les
cas, la réduction sera facile; elle se fera d'après les
règles ordinaires et les distinctions établies dans le courant de notre travail.

148. Enfin, si le déposant laisse des ascendants, leur
réserve ne consistant jamais qu'en une quote-part de
nue propriété précédemment fixée (Code Nap., art. 1094)
la réduction sera une opération de la plus grande sim-
plicité.

Art. 2. Libéralités faites à l'époux et à l'étranger.

149. Ici se représentent toutes les difficultés déjà signalées, lorsque, par suite de libéralités faites à l'époux
et à des étrangers, il faut obéir à la fois à deux systèmes
différents et, par conséquent, combiner leurs dispositions.

Nous avons démontré plus haut[1] que le disponible
ordinaire des étrangers ne peut jamais se cumuler avec
le disponible spécial de l'époux, qu'en admettant ce cumul, on arriverait non-seulement à réduire la réserve à
rien ou à presque rien, mais encore à excéder quelquefois la totalité du patrimoine. Aussi avons-nous posé
comme principe dominant toutes les combinaisons des
deux disponibles, que le donateur peut dans ce cas disposer du plus fort disponible, pourvu que chacun des
donataires n'ait que la part que lui permet d'atteindre
son disponible propre. Il nous reste à voir spécialement
ce qui, dans cette difficile question, a trait à l'exercice
de l'action en réduction.

150. Tout revient à savoir, en définitive, quel taux peut
atteindre chaque donation, pour l'y ramener en cas d'excès. Il suffirait donc d'avoir établi ce taux pour n'avoir
plus rien à ajouter, et connaître tous les cas de réduction. Mais, indépendamment de la fixation des chiffres,
sujet déjà traité, il faut en outre, pour procéder à la réduction, bien savoir sous quelles conditions chaque donation n'atteindra que son disponible spécial. Nous savons en masse ce que peut donner le disposant, ce que
peut spécialement recevoir chaque donataire; mais
quand il s'agit de réduire, les combinaisons peuvent se
compliquer encore.

Tous les auteurs, ou à peu près, sont d'accord sur
les trois principes d'après lesquels nous avons réglé les
combinaisons des deux disponibles[2]; mais ils se divisent lorsque vient l'application. Sans doute l'angmenta-
tion du disponible ne doit profiter qu'au donataire pour

[1] Ci-dessus, n°s 93 et suiv.
[2] Ci-dessus, n°s 98 et suiv.

lequel elle est établie. Ainsi, pour prendre une des hypothèses prévues plus haut, si le disposant meurt en laissant trois enfants au plus, il aura pu donner à un étranger un quart, soit en propriété, soit en usufruit, et ensuite à son conjoint un quart en usufruit ou un quart
en pleine propriété. D'après ces opérations, le disponible le plus fort n'est pas dépassé, et chaque donataire
n'a que son disponible spécial. Si le disposant avait
donné à son conjoint un quart ou une moitié en usufruit, il pourrait se dépouiller ensuite d'un quart en nue
propriété au profit d'un étranger. Mais, après avoir donné
à son époux un quart en nue propriété, le disposant
pourrait-il donner à un étranger une moitié en usufruit
ou un quart en propriété? après lui avoir donné un
quart en usufruit, pourrait-il donner à un étranger un
quart en pleine propriété? enfin, après lui avoir donné
un quart en pleine propriété, pourrait-il donner à l'é-
tranger un quart en usufruit?

Nous répondons affirmativement sur toutes ces questions et déclarons qu'alors il n'y a pas lieu à réduction,
car dans tous ces cas la somme donnée est toujours la
même, et l'étranger, n'ayant jamais que son disponible
propre, ne profite pas de l'extension établie au profit de
l'époux.

Cependant ces solutions rencontrent une opposition
constante de la part de la cour de cassation, qui, tout en
adoptant, dans le cas où la donation faite à l'étranger précède la donation faite à l'époux ou se place à la même
date, la manière de voir que nous soutenons devoir
être générale, s'y refuse lorsque l'ordre inverse existe
dans les dates des libéralités. Il s'agit d'examiner dans
ce cas si, lorsque les libéralités n'ont pas la même date,

et que celle du donataire pour lequel il y a un disponible plus fort est la première, celle-ci doit s'imputer
d'abord sur le disponible ordinaire, ou bien, au contraire, s'imputer d'abord sur ce dont le disponible spécial excède le disponible ordinaire. La solution que
nous proposons et que nous allons discuter est la dernière; nous croyons que les dates ne doivent pas être
prises en considération, et que le caractère exclusif du
disponible spécial nous permet d'imputer les libéralités
en faveur de l'époux sur le disponible spécial. Au reste,
les hypothèses prévues ne sont pas les seules qui pourraient se présenter, et, en posant la question d'une manière générale, il s'agit de savoir si, dans le cas où la libéralité faite à l'époux précède celle faite à l'étranger,
c'est faire profiter celui-ci du disponible spécial à l'é-
poux que de lui attribuer ce qui reste libre du plus fort
disponible, pourvu que cette part soit inférieure ou au
plus égale à son disponible propre.

152. Nous ne pouvons saisir en quoi l'ordre de date
des libéralités peut faire varier la quotité disponible,
pourquoi la libéralité faite à l'étranger serait excessive
ou non excessive, quoique étant la même, selon la place
qu'occupe le don fait à l'époux. Il y a, il nous semble, une
raison péremptoire pour se refuser à ces distinctions,
c'est que la quotité disponible, loin de s'apprécier séparément et par rapport à chaque libéralité, s'apprécie au
moyen d'une opération unique, qui ne le fait qu'au moment où il n'y a plus de dons possibles, à la mort du
disposant (Cod. Nap., art. 290). Or, ne faut-il pas conclure de cette disposition de la loi qui rejette les calculs
après toutes les libéralités, qu'il faut alors prendre en
bloc toutes ces libéralités, agir sur des totaux et non

sur des sommes isolées (Cod. Nap., art. 922)? et, si les
totaux sont les mêmes, qu'importe dans quel ordre les
sommes isolées ont été additionnées! L'esprit du Code
révèle suffisamment le peu d'importance de cet ordre;
nul ne conteste que ce ne soit l'état des biens à la mort
qui doive fixer le disponible, que ce ne soit qu'à cette
époque qu'il faille penser à faire les calculs en compa-
rant la masse des biens à la masse des dons. Que devient ce système s'il faut faire un calcul spécial à chaque
donation, eu égard aux dates, au lieu de ce calcul
unique fait pour toutes à la fois ? Où est donc la règle ex-
ceptionnelle qui impose ce nouveau mode d'appréciation
tout différent du mode qu'imposent les textes ? Au lieu
de ce système si simple, opérant sur des totaux, on
fractionne les opérations, on fait dépendre la quotité
disponible d'appréciations, de détails, de dates, et « la
quotité disponible ne se présente plus à l'esprit d'une
manière simple, sous un point de vue accessible à toutes
les intelligences.... «Le propriétaire qui veut user de son
droit de disposer, doit se livrer à des combinaisons laborieuses[1]. »

Et puis, remarquons bien quelles sont les conséquences de ce système formaliste. Nous avons précédemment démontré que la loi avait voulu favoriser l'é-
poux en établissant pour lui un disponible plus fort que
le disponible ordinaire; mais il n'était pas besoin d'ajouter que cette augmentation ne doit pas restreindre le disponible ordinaire; celui que le disposant peut donner à sa
famille ou à des étrangers proprement dits. L'étranger ne
doit profiter de cette augmentation, c'est notre troisième

---

[1] Valette, le *Droit* du 11 mars 1846.

principe; mais il n'en doit pas souffrir, c'est incontestable. Or, si le disposant est tenu d'abord de prendre sur le disponible ordinaire ce qu'il donne à l'époux, il va se trouver dans l'alternative de ne rien donner à son conjoint ou de se priver du droit de gratifier d'autres personnes, droit que nous savons être un des principaux ressorts de l'autorité paternelle. S'il donne à son époux d'abord, il ne lui restera plus rien pour ses enfants; s'il veut se ménager le plus fort disponible, il faudra qu'il donne d'abord à ses enfants et surseoir jusque-là à toute donation à son conjoint. N'est-ce pas « un système bigame qui entrave les actes de l'affection maritale, y multiplie les confiscations et les difficultés?.... Tel qui n'ayant pas d'enfants espère en avoir, attendra pour placer l'enfant à naître au rang de premier donataire et se ménager ainsi la quotité disponible la plus forte, mais souvent la mort viendra le surprendre dans cette attente, en sorte que l'autre époux, auquel la donation à faire en seconde ligne était destinée, se trouvera n'avoir rien reçu[1]. » Que devient alors notre premier principe, que l'on admet, il est vrai, mais que l'on détruit en l'appliquant, d'après lequel, en cas de concours, le donateur peut disposer du disponible le plus fort? S'il ne pense qu'à son conjoint, il pourra disposer de toute la quotité de l'art. 1094 du Code Napoléon; s'il veut donner à tous les membres de la famille, il devra se renfermer dans les limites de l'art. 913 du Code Napoléon.

Enfin, faut-il rappeler que la portion disponible a été déterminée par le législateur eu égard à l'appréciation qu'il a faite de l'intérêt des familles et de l'intérêt poli-

[1] Valette, le *Droit* du 11 mars 1846.

tique attaché à l'exercice du droit de donner ou de tester? Que dès lors l'ordre dans lequel le père de famille a usé de son droit ne peut en restreindre ni en étendre les limites, qui dépendent de considérations plus sociales?

153. Aussi nous croyons fermement que c'est ajouter à la loi que de considérer la date comme un des éléments déterminant l'étendue de la quotité disponible. La date fixe l'ordre dans lequel il faut procéder au retranchement (Code Nap., art. 923, 925, 926), mais telle est la seule influence que lui reconnaisse la loi. Si l'intention du législateur eût été de subordonner l'exercice du droit conféré par l'art. 1094 du Code Napoléon à la priorité de la donation faite à l'étranger, il n'aurait pas manqué de l'exprimer. Or, il ne l'a pas fait, et on ne peut apporter sans texte une telle restriction à l'art. 1094 du Code Napoléon. La quotité de biens indisponible entre les mains d'un propriétaire est dans le domaine de la loi; la manière de disposer les conditions, les modifications de la distribution, le choix du donataire, du légataire, sont dans le domaine de l'homme; les réserves sont déférées aux légitimaires par la loi; la quotité disponible, que tous admettent être le plus fort des deux en cas de concours, au contraire, est au pouvoir de l'homme et cesserait d'être vraiment disponible si on entravait la liberté du chef de famille, en lui déclarant qu'il ne jouira de ses droits qu'à condition de ne disposer que dans un certain ordre chronologique [1].

[1] Benech, p. 285 et suiv.; Pont , *Revue de législation*, t. XVI, p. 215; id. t. XIX, p, 201 ; Valette, le *Droit* du 11 mars 1846; Toullier, t V, n° 871 ; Zachariæ, § 689, n° 17; Lyon, 10 février 1836, S., 36, 2, 177; Rouen, 2 avril 1841, S., 41, 2, 328; Toulouse, 28 janvier 1843, S., 43, 2, 194; 13 août 1844, S., 45, 2, 38.

154. Mais sur quoi se fonde alors la doctrine opposée, celle qui n'admet pas la validité de la donation faite à l'étranger, et que nous savons être celle de la cour de cassation? Elle présente deux raisons principales à l'appui des propositions qu'elle émet.

155. Nous empruntons l'exposé de la première à l'auteur qui nous paraît l'avoir fait ressortir avec le plus de force. « Tout le monde admet bien qu'on ne peut jamais faire profiter un étranger du bénéfice de l'art. 1094 du Code Napoléon, pas de doute là-dessus, et la dissidence ne commence que quand il s'agit de savoir si telle ou telle hypothèse en ferait ou non profiter cet étranger. Or, il est palpable qu'ici ce serait l'étranger qui en profiterait, puisque, sans cet art. 1094, l'époux qui aurait ainsi donné à son conjoint les trois quarts de sa fortune, ne pourrait plus rien donner à l'étranger; si cet art. 1094 n'existait pas, toute seconde donation serait évidemment impossible [1]. » C'est-à-dire, que, pour savoir si l'étranger profite ou non de l'extension autorisée par l'art. 1094, il suffit, dans une hypothèse donnée, de se faire cette question : si l'art. 1094 du Code Napoléon n'existait pas, la donation faite à l'étranger serait-elle valable? A l'aide de ce principe, on peut, il est vrai, résoudre toutes les difficultés; conclure, par exemple, que l'étranger ne peut recevoir qu'un quart en usufruit, quand déjà un quart en propriété a été donné à l'époux, qu'il ne peut recevoir qu'un quart en nue propriété, si un quart seulement en usufruit a été donné à l'époux; et qu'enfin il ne peut rien recevoir quand déjà un quart en pleine propriété a été donné à l'époux; car, aux termes des art. 913 et suiv. du Code Napoléon, telles devraient

----

[1] Marcadé, art. 1100, n° 2.

être les solutions, et l'on ne pourrait lui donner davantage qu'en appliquant l'art. 1094, qui doit lui rester étranger.

156. Mais, tout en reconnaissant la facile application et l'apparente valeur de ce principe, nous nous refusons à l'admettre, et cela pour deux raisons. .

D'abord, il prouve trop et se réfute par sa propre application; appliquons-le en effet à une autre hypothèse que celle prise comme exemple; supposons qu'au lieu de deux libéralités ayant des dates différentes, il s'agisse de deux libéralités faites en même temps et par le même acte. Ainsi, ayant trois enfants, l'époux a donné à son conjoint un quart en propriété et à un étranger un quart en usufruit. M. Marcadé, par la puissance des dates, admet la validité des deux dispositions. Qu'il se pose la question au moyen de laquelle il conclut à l'impossibilité de la deuxième donation dans le cas précédent; si l'art. 1094 du Code Napoléon n'existait pas, est-ce que ces donations seraient valables, puisque la somme est plus forte que celle qu'autorise l'art. 913 du Code Napoléon ?

Pourquoi donc scinder les conséquences d'un principe, le regarder comme tout-puissant dans un cas, et s'y soustraire dans un autre ? En supposant que les deux libéralités ont même date, on ne peut justifier leur coexistence dans les limites du disponible le plus fort, qu'en les regardant comme portant chacune sur son disponible spécial; faites la même supposition au cas de libéralités à dates différentes, et le prétendu principe n'aura rien à faire, et pour la même raison, ni dans un cas, ce qui est admis, ni dans l'autre, ce qu'il faut admettre sous peine d'inconséquence.

En second lieu, cette argumentation repose sur une

pétition de principes, qui fait que ce premier soutien du système de la cour de cassation se confond avec le second. Nous venons de voir, en effet, qu'il suffit, pour le voir tomber, de supposer l'imputation de chaque libéralité sur son disponible spécial; il faut donc, pour qu'il ait une valeur quelconque, qu'il présuppose admise la deuxième objection faite au système que nous avons présenté, à savoir que la première libéralité doit toujours s'imputer sur le disponible de l'art. 913 du Code Napoléon, qu'elle s'adresse au conjoint ou à l'étranger, et qu'une fois ce disponible ordinaire épuisé, il ne reste plus que l'extension de l'art. 1094 du Code Napoléon, qui n'est accordée qu'en faveur des époux; nous pouvons donc mettre à l'écart l'argumentation précédente, et ne la regarder que comme un développement de la seconde preuve qu'il nous reste à réfuter.

157. Ce nouvel argument revient à dire qu'on ne doit recourir à un crédit supplémentaire qu'après avoir épuisé d'abord les ressources ordinaires. D'après cela, quel que soit le donataire, époux ou étranger, il faudra imputer la première libéralité sur le disponible de droit commun, et alors, si la donation à l'étranger n'est faite qu'après, elle ne pourra comprendre que ce qui reste du disponible ordinaire, car le crédit supplémentaire n'existe pas pour elle.

158. Mais cette comparaison des disponibles spécial et ordinaire avec un crédit supplémentaire et des ressources ordinaires est-elle exacte ? Où est-il écrit que le supplément de disponible accordé par l'art. 1094 du Code Napoléon est évidemment un secours extrême dont on ne peut user qu'à défaut d'autres ressources [1] ?

____

[1] Marcadé, art. 1100, n° 2.

Quand deux dépenses de même nature sont à faire, ayant chacune au budget une allocation spéciale, a-t-on jamais pensé à imputer l'une sur l'allocation de l'autre, pour déclarer ensuite celle-ci impossible faute de fonds? Or, telle est la situation dans laquelle nous nous trouvons en présence des art. 913 et 1094 du Code Napoléon. Nous ne voyons nulle part que l'art. 1094 soumette l'emploi des sommes qu'elle déclare disponibles à l'emploi préalable du disponible de l'art. 913 du Code Napoléon; et c'est cependant ce qu'il faudrait établir pour que l'argument dont nous nous occupons soit une preuve, et ne reste pas une pure allégation. Puisqu'il s'agit de deux catégories de personnes, dont deux articles fixent les droits respectifs, ne faut-il pas conclure que chacune se place sous ses règles spéciales, que chaque libéralité doit s'imputer sur celle des portions disponibles qui lui est propre. Ainsi le don fait à un enfant ou à un étranger s'imputera sur la quotité de l'art. 913 du Code Napoléon, et celui fait au conjoint sur la quotité de l'art. 1094 du Code Napoléon. Telle est évidemment l'intention du disposant, à moins qu'on n'interprète l'acte volontairement et sans nécessité dans le sens de la nullité, ce que prohibe l'art. 1157 du Code Napoléon.

Cette latitude que nous réclamons pour l'époux de pouvoir disposer à son gré, dans les limites légales du plus fort disponible, lui était reconnue par la loi du 17 nivôse, si peu favorable à la puissance paternelle; cette loi permettait à l'époux de partager le plus fort disponible entre son conjoint et les étrangers ou enfants (art. 14). Le Code Napoléon, qui a étendu la faculté de disposer, aurait-il été plus restrictif? Voudrait-il priver l'époux qui a donné à son conjoint une partie de la quotité de l'art. 1094 du Code Napoléon, du droit de récompenser ou de punir ses enfants, de donner des consolations à ceux qui éprouvent les disgrâces de la nature ou les réserves de la fortune. D'ailleurs, cette imputation, dont la nécessité n'est écrite nulle part, contraire à l'intention visible du disposant, n'est pas toujours possible; il y a des cas où l'imputation de la libéralité faite au conjoint ne peut se faire sur la quotité de l'art. 913 du Code Napoléon, ce qui arrive toutes les fois que la libéralité en faveur du conjoint dépasse la quotité de l'art. 913 du Code Napoléon. Ainsi, un époux ayant trois enfants donne à son conjoint la moitié de ses biens en usufruit; cette donation n'a pu être évidemment faite que sur le disponible de l'art. 1094 du Code Napoléon; car, si cet article n'existait pas, il y aurait eu excès. Cet exemple ne prouve-t-il pas qu'il est inexact de dire que la première libéralité doit toujours s'imputer sur la quotité ordinaire de l'art. 913 du Code Napoléon? Et alors, comment déclarer qu'aux termes des art. 920 et 922 du Code Napoléon, toutes libéralités doivent s'imputer sur la quotité disponible de l'art. 913 du Code Napoléon? Or, si cette imputation spéciale n'est écrite nulle part, si, d'un autre côté, les calculs du disponible et de la réserve ne se font qu'à la mort, qu'importe l'ordre de date des libéralités, pourvu que le total ne dépasse pas les limites légales [1].

159. Enfin, ce système que nous repoussons se réfute

[1] Voir cependant : Marcadé, art. 1100, n° 2; Duranton, t. IX, n° 796; Coin-Delisle, n° 16; Rejet, 7 janvier 1824, S., 33, 1, 506; 21 mars 1837, S., 37, 1, 273; 24 juillet 1839, S., 39, 1, 633; 22 novembre 1843, S., 44, 1, 69; Agen, 30 août 1831, S., 32, 2, 148; Limoges, 26 mars 1833, S., 33, 2, 278; Aix, 18 avril 1836, S., 36, 2, 421; Douai, 24 février 1840, S., 40, 2, 270.

encore par son insuffisance, car rien ne serait plus facile que d'éluder la disposition que l'on croit voir dans
la loi. M. Benech, qui consacre la quatrième partie de sa
monographie à l'indication des moyens propres à éluder
la jurisprudence de la cour de cassation, démontre, et
sur ce point ses adversaires sont d'accord avec nous,
que la nécessité de l'imputation spéciale disparaîtrait
devant l'intention contraire manifestée par le disposant.
L'art. 1091 du Code Napoléon permet, en effet, aux
époux de se faire telle donation qu'ils jugent à propos,
et, par une application toute directe de cette règle, le
disposant pourrait faire à son conjoint une donation soumise à la condition, soit résolutoire, soit suspensive,
qu'il ne disposera pas autrement dans la suite : ce serait
une condition potestative expressément autorisée par
l'art. 1086 du Code Napoléon. La condition s'accomplis-
sant, l'époux gardera ce qui lui a été donné. Si elle ne
s'accomplit pas, il sera encore possible au donateur de
gratifier son conjoint au moyen de l'augmentation de
disponible à son profit. Une voie plus simple encore, serait de déclarer positivement faire porter la libéralité
consentie au profit de l'époux sur son disponible spécial ; car nous retombons encore à l'art. 1157 du Code
Napoléon, et cette volonté, qui prévaudrait si elle était
manifestée, ne doit-elle pas être tacitement admise,
d'après la règle, qu'un acte doit s'interpréter *potius ut
valeat quam ut pereat*. — En présence d'un système
aussi incomplet et si douteux quant à ses raisons d'être,
peut-on hésiter encore? une théorie n'est-elle pas condamnée quand, sans fondement apparent, elle impose au
père de famille la nécessité de pareils subterfuges.

160. Ces difficultés ont surtout été soulevées dans la

pratique à propos de l'hypothèse suivante, qui n'a rien de particulier, au moins en ce qui concerne la question qui nous occupe.

L'époux ayant trois enfants ou plus, peut-il disposer au profit de son conjoint de l'usufruit de la moitié des biens qu'il laisse à son décès, et ensuite d'un quart en nue propriété en faveur d'un enfant ou d'un étranger ? C'est précisément sur ce cas que sont intervenus les quatre arrêts de la cour suprême cités plus haut[1]. La cour de cassation répond négativement ; c'est pour elle la conséquence de cette idée que la donation faite d'abord au conjoint doit nécessairement s'imputer sur le disponible ordinaire. D'après le système que nous avons essayé de soutenir, une moitié en usufruit et un quart en nue propriété ne faisant en total qu'un quart en propriété et un quart en usufruit, le disponible le plus fort n'est pas dépassé ; de plus, chaque donataire a moins qu'il ne pourrait personnellement recevoir, rien donc n'empêche les deux libéralités dont il s'agit.

Nous nous étonnons de nous trouver sur ce point d'accord avec M. Marcadé[2], que nous avons trouvé contre nous, avec la cour de cassation, sur la question précédente dont celle-ci, cependant, n'est qu'une application. « Ce n'est pas, dit-il, que nous rejetions en principe, comme MM. Benech, Pont et Valette, cette idée de la cour suprême que la donation faite d'abord au conjoint doit nécessairement s'imputer sur le disponible ordinaire ; nous croyons avoir démontré, au contraire, que cette idée en principe est profondément vraie. Mais nous croyons aussi avoir démontré que le principe

<hr>

[1] Nº 188.
[2] Art. 1100, nº 2.

devient inapplicable et fait place à un principe contraire,
quand il s'agit d'une donation qui n'a pu se faire, de
par la loi, que sur le disponible extraordinaire. » Mais,
ajoute-t-il, cette donation de moitié en usufruit ne
peut avoir porté sur le disponible de l'art. 913 du Code
Napoléon qui n'est que du quart en propriété, et dès
lors le disponible reste libre au profit d'un étranger.
Mais en quoi donc ceci change-t-il la question, et si
l'on admet le principe, comment s'y soustraire ainsi ? la
libéralité faite au conjoint dépasse le disponible ordinaire, dit-on ; mais cela ne l'empêche pas de l'imputer,
d'après la règle, sur le disponible ordinaire jusqu'à la
limite de celui-ci, et sur le spécial pour le surplus.

161. Nous ajouterons qu'il ne serait pas moins illégal
et arbitraire de transformer par toutes ces évaluations
en don de propriété un don fait en usufruit ; dans l'hypothèse précédente, la cour de cassation repousse la
validité de la seconde donation, parce que le don de moitié en usufruit équivaut à un don d'un quart en propriété[1], qui épuise la quotité disponible ordinaire ; elle
ne permet alors de donner à l'étranger que la différence
entre la valeur résultant de cette évaluation de la propriété et le quart en pleine propriété. Quelques arrêts
établissent même que cette évaluation est de droit. Cette
doctrine nous paraît inexacte ; on ne voit, en effet, nulle
part dans la loi, que l'on doive évaluer un don d'usufruit fait dans les limites de la quotité disponible ; il résulte, au contraire, des dispositions du Code, que la
loi a entendu prescrire en général et autant que possible l'évaluation de l'usufruit en propriété ; c'est pour

[1] Voir Coin-Delisle, n° 18.

éviter cette appréciation que l'art. 917 du Code Napoléon, au lieu de soumettre les libéralités excessives en
usufruit à la résolution directe et ordinaire, a seulement
donné le choix au réservataire, ou de les exécuter entièrement, ou de les supprimer entièrement en abandon-
nant tout le disponible en propriété; cette évaluation
est donc contraire à la loi, de plus, il est étrange d'estimer invariablement l'usufruit à la moitié de la pleine
propriété. Ce mode, dicté par la loi de frimaire an VII,
peut se comprendre par la perception des droits d'enre-
gistrement, mais estimer tout usufruit uniformement,
évaluer à la même valeur un usufruit établi sur la tête
d'un vieillard et sur la tête d'un jeune homme de vingt-
cinq ans, nous paraît trop commode; aussi croyons-
nous que c'est à tort qu'on transforme en don de propriété un don d'usufruit qui, d'après la loi, était fait
valablement à un conjoint, et n'admettons-nous cette
évaluation que quand elle est absolument nécessaire,
et, de plus, que la valeur devra se déterminer d'après les
circonstances[1].

§ 2. *Procédure de la réduction.*

162. Le législateur, n'ayant pas fixé une procédure
spéciale pour la réduction des donations faites entre
époux, les règles ordinaires de la quotité reçoivent ici
leur application; qu'il s'agisse du disponible de l'art.
1094 du Code Napoléon, ou de celui de l'art. 1098, de
donations faites au premier époux ou au second, la réduction au taux établi pour chaque cas se fera d'après
les mêmes règles, celles qu'indiquent les art. 920 à 930

[1] Benech, p. 310; Pont., *Revue de législation*, t. XIX, p. 260; Marcadé, art. 1100, nᵒ 2.

du Code Napoléon pour le cas où les donations ne sont faites qu'à des étrangers. Il faudra procéder d'abord à la formation de la masse (Code Nap., art. 922), faire l'imputation dans le cas où il y a lieu (Code Nap., art. 924), et ensuite opérer le retranchement dans l'ordre établi par les art. 923, 925, 926 du Code Napoléon. Nous n'avons pas à insister sur cette matière qui n'a rien de spécial à la quotité disponible entre époux, signalons seulement quelques détails d'application.

Art. 1er. *Réduction des libéralités faites à l'époux seul.*

163. S'il n'a été fait des libéralités qu'à l'époux, une seule remarque est à faire, elle a trait à l'ordre dans lequel la réduction devra s'opérer; hors de là, il faut sans restriction aucune appliquer les art. 920-930 du Code Napoléon. De quelque donation qu'il s'agisse, et quels que soient les rapports qui unissent le donateur au donataire, ce ne sera jamais qu'à l'ouverture de la succession que les libéralités sont réductibles; si le donateur n'a disposé que par donation entre vifs, on procédera en réduisant la dernière donation et en remontant ainsi des dernières aux plus anciennes. S'il a disposé à la fois par donations et par legs, on ne réduira les donations entre vifs qu'après avoir épuisé la valeur de tous les biens compris dans les dispositions testamentaires.

Tout cela n'est que l'application pure et simple de l'art. 923 du Code Napoléon, il n'y aurait aucune différence entre l'ordre de réduction du droit commun et l'ordre de réduction dans le cas spécial qui nous occupe, s'il n'y avait quelque doute sur la catégorie dans laquelle il faut placer les donations entre époux pendant

le mariage: parmi les legs ou les donations entre vifs?
Doit-on considérer ces donations, vu leur caractère particulier et leur révocabilité, comme donations à cause
de mort?

164. Au point de vue de la réduction, cette question
est de la plus haute importance. Si ces donations sont
considérées comme libéralités à cause de mort, ne prenant date qu'à la mort qui les rend irrévocables, elles
devront être réduites comme et avec les legs (Code Nap.,
art. 925) ; si on leur reconnaît le même caractère
qu'aux donations entre vifs, elles ne seront réductibles,.
lors du décès du disposant, qu'après épuisement de tous
les legs et à leur date (Code Nap., art. 923).

Plusieurs auteurs, trompés par la facile révocabilité
des donations entre époux, ont voulu les confondre avec
les anciennes donations à cause de mort; les assujettir
aux règles de ces dernières, les rendre caduques par le
prédécès du donataire, et, à l'occasion de la question qui
nous occupe, les assimiler aux legs pour l'ordre de réduction. Ces donations, disent-ils, étant révocables, leur
auteur, en faisant postérieurement des donations ordinaires, n'entend-il pas visiblement que ces dernières
devront être plus respectées que les autres. Pour nous,
nous ne trouvons nullement dans les donations pendant
le mariage les caractères de la donation à cause de mort.

Nous lisons dans les *Institutes : « Et in summâ mortis
causa donatio est, eum magis se quis velit habere, quam
eum cui donat, magisque eum cui donat quam heredem
suum*[1]. » Reconnaissons-nous le même caractère dans la
donation entre époux? le donateur veut-il aussi que la

---

[1] *Inst.*, § 1, *De donationibus.*

chose soit à lui de préférence au donataire, et au donataire de préférence à son héritier? Ces donations
sont révocables, mais elles le sont dans un but de protection et non d'intérêt pour le donateur. Dès lors, ne
pouvant être considérées comme donations à cause de
mort, ni par suite être classées dans la catégorie des legs,
elles doivent être regardées comme une espèce de donation
entre vifs et soumises à toutes les règles de ces dernières
qui ne sont pas contraires à leur caractère de révocabilité; d'ailleurs, comment soutenir cette thèse en présence
de dispositions si formelles de l'art. 893 du Code Napoléon? Cet article ne reconnaît que deux manières de
disposer à titre gratuit: les testaments et les donations
entre vifs; les donations entre époux doivent forcément
rentrer dans cette classification; n'étant pas testaments,
elles sont donations entre vifs, les art. 1096, 1097 en
sont la preuve évidente. En effet, l'art. 1096 déclare
exceptionnellement ces donations non révoquées par
survenance d'enfants; or, les donations étant seules su-
jettes à cette révocation, l'exception prouve qu'il s'agit
de véritables donations entre vifs. Et cette assimilation
est encore révélée par l'art. 1097 défendant que les dispositions gratuites entre époux aient lieu par un même
acte, soit entre vifs, soit par testament[1].

ART. 2. Libéralités faites à l'époux et à des étrangers.

165. S'il y a concours de libéralités faites au conjoint
et à des étrangers, nous retrouvons au point de vue de la
réduction la difficulté déjà signalée[2], relative à la com-

---

[1] *Sic:* Marcadé, art. 923, n° 1; Coin-Delisle, n° 6; *Contra:* Duranton,
VIII, n° 357; Poujol, n° 6; Toullier, t. V, n°s 14 et 922; Rejet, 22 janvier 1828, S., 28, 1, 152.

[2] Ci-dessus, n°s 73 et 149.

binaison du disponible de droit commun avec le disponible spécial entre époux. Nous avons précédemment établi pour cette hypothèse le taux que peuvent atteindre ces deux sortes de libéralités réunies; il ne faut pas qu'elles dépassent le plus fort disponible; voilà pour la fixation des droits du donateur. Nous avons également établi le taux que peut atteindre chaque libéralité, non plus au point de vue de ce que peut donner le disposant, mais de ce que peut recevoir chaque donataire; il ne faut pas que, dans la distribution de ce dont peut disposer le donateur, chaque donataire reçoive plus que le disponible qui lui est spécial. Ces deux règles suffisent pour permettre de décider, dans une situation donnée, s'il y a excès, soit relativement à la masse donnée, soit relativement à chaque donation isolée, mais reste à savoir comment, lorsqu'il y aura excès, on devra procéder à la réduction.

166. Il y a quelques cas qui ne donnent lieu à aucune difficulté; écartons-les tout d'abord. Ainsi, nous ne parlons pas des cas où les libéralités faites à l'époux et à des étrangers ont des dates différentes, chacune d'elles résultant d'une disposition spéciale. Le disponible, en ce cas, étant fixé, il faudra ramener les libéralités au taux légal, en appliquant l'art. 923 du Code Napoléon, c'est-à-dire en attaquant successivement les libéralités les plus récentes et par ordre de date, la dernière ayant évidemment plus entamé la réserve que l'avant-dernière, et ainsi de suite; seulement, pour suivre les dispositions de cet article, il faut avant tout examiner si les dates des libéralités établissent bien l'ordre réel ou, à cause de révocations possibles, n'établissent qu'un ordre apparent. Si la dernière libéralité a révoqué la

première faite pendant le mariage, il ne pourra y avoir d'excès et par suite pas de réduction ; mais si, les deux donations étant irrévocables, leur somme est excessive, et si cependant la première n'excède ni le disponible le plus fort, ni son disponible propre, la seconde seule sera soumise à la réduction (Code Nap., art. 923). Si, au contraire, c'est la première qui excède son disponible spécial, et que la seconde, inférieure au sien propre, n'excède le disponible le plus fort qu'à cause de l'excès de la première, la première seule serait soumise à la réduction. Ces hypothèses peuvent se résoudre facilement par la seule application des principes posés plus haut sur la combinaison des disponibles général et spécial et des règles ordinaires de la réduction. Il n'en est pas de même des cas où les diverses libéralités ont la même date, parce qu'elles sont écrites dans un même acte de donation ou dans des testaments, qui tous, on le sait, à quelque époque qu'ils aient été faits, datent toujours du moment du décès du testateur. Ces libéralités ont la même date, et bien que chacun reste dans les limites particulières, elles dépassent par leur réunion le disponible le plus élevé. Comment, dans ce cas, doit-il être procédé à la réduction ?

Voici d'abord la difficulté qu'il s'agit de tourner : Quand il n'y a à réduire que d'après le disponible général ou d'après le disponible spécial, il suffit, pour opérer, de réduire proportionnellement les libéralités ; mais quand les différentes libéralités obéissent à des disponibles différents, et qu'il faut en diminuer la somme, il est nécessaire de trouver une transaction entre les deux taux de disponible ; sans cela, si l'on réduit les deux classes de libéralités suivant la même proportion, celles qui peuvent atteindre un disponible plus élevé seront réduites outre mesure; celles, au contraire, qui sont soumises au disponible le plus faible ne seront pas suffisamment atteintes. Donc, pour opérer dans de justes proportions sur toutes les libéralités, il faut, tout en procédant sur la masse, soumettre chacune des libéralités aux limites de son disponible spécial.

168. Cette difficulté ne paraît pas avoir été aperçue complétement par le premier système que nous ayons à signaler ici : celui de Toullier, Grenier et Duranton[1]. Ne voyant que la nécessité d'un taux unique de réduction, malgré la diversité des donations, ils ont pris pour base la réduction d'après le plus fort disponible. Ce système ne peut être admissible ; il fait profiter du plus fort disponible des donataires qui n'ont droit qu'au plus faible. En effet, réduire d'après une certaine mesure une libéralité excessive, c'est maintenir dans la même mesure ce que la réduction n'atteint pas ; réduire une donation pour partie, d'après un disponible de moitié par exemple, c'est maintenir l'autre partie d'après ce même disponible. Or, si l'un des donataires ne doit pas profiter de ce disponible de moitié, il est clair que le système de Toullier lui est trop avantageux.

169. Le système de Delvincourt (t. II, p. 223) pèche juste par l'excès contraire et donne trop peu au donataire du plus faible disponible. En effet, la réduction se fait aussi proportionnellement, mais en prenant pour mesure de cette réduction le plus faible disponible. Cette réduction opérée, il donne l'excédant d'un disponible sur l'autre à celui des donataires en faveur duquel

[1] Toullier, t. V, n° 872; Grenier, n° 585; Duranton, t. IX, n° 797.

existe la plus forte quotité disponible. Ces opérations, étant tout à l'avantage du donataire du plus fort disponible, détruisent la proportion qui doit exister entre les deux libéralités. En effet, après avoir fait concourir sur le disponible commun les deux donataires, chacun pour le tout, ce qui constitue déjà une faveur pour le donataire du plus fort disponible, il accorde encore exclusivement à ce dernier ce qui restait disponible du plus fort disponible.

170. Un troisième système, celui de Marcadé, se **présente**; ce système, nous ne pouvons mieux faire qu'en prendre le résumé dans l'auteur qui l'a émis.

Prendre momentanément, comme base de la réduction, le disponible le plus faible pour toutes les libéralités, même pour celles qui ont droit au disponible le plus fort, mais avoir soin d'imprimer momentanément aussi à ces dernières libéralités une diminution proportionnelle à celle que l'on donne à leur disponible; quand la réduction est opérée sur cette base entre toutes les libéralités, le résultat, définitif pour ceux qui n'ont droit qu'au plus petit disponible, et provisoire seulement pour les autres, se complète en partageant entre ces derniers la part de disponible qui ne se trouve pas encore employée[1]. Ce dernier système nous semble seul exact et conforme au principe essentiel que l'augmentation du disponible ne doit profiter qu'au donataire en faveur duquel elle est établie.

171. Prenons maintenant un exemple; nous lui appliquerons les différents systèmes et verrons dans la pratique les défauts que nous n'avons signalés qu'en théorie.

Art. 1100, n° 4.

Supposons le cas où le disposant laisse trois enfants. L'étranger peut avoir le quart, dix quarantièmes; l'époux, au contraire, un quart et demi (l'usufruit étant évalué par hypothèse la moitié de la pleine propriété) : quinze quarantièmes. En faisant la somme des deux quotités, on a vingt-cinq quarantièmes; il se trouve alors pour l'étranger un excédant de trois cinquièmes; pour l'époux un surplus de deux cinquièmes. Toullier, considérant qu'il y a excès de deux cinquièmes, laisse à chacun trois cinquièmes de ce qu'il a reçu; ainsi, à l'étranger six quarantièmes, à l'époux neuf quarantièmes, en tout quinze quarantièmes, taux du disponible le plus élevé.

Delvincourt opère de la manière suivante : Supposons le même exemple, il prend le disponible le plus faible, trois cinquième et le retranche; l'étranger se trouve réduit à un dixième de tous les biens, quatre quarantièmes; l'époux à trois vingtièmes; mais, comme il existe au profit de l'époux un surcroît de disponible d'un demi quart, celui-ci le prendra seul, et se trouvera avoir ainsi onze quarantièmes, l'étranger aura quatre quarantièmes seulement.

Appliquons maintenant le système de Marcadé. On suppose que le don fait à l'époux n'est que d'un quart. On réduit les deux libéralités à un demi quart, cinq quarantièmes; puis l'époux prendra son excédant du disponible propre, un demi quart; il aura donc en tout un quart dix quarantièmes, et l'étranger aura un demi quart.

Ce dernier système nous paraît le meilleur; mais, tout en l'admettant, nous pensons qu'on pourrait y faire quelques modifications. Nous savons en quoi consiste le système de Marcadé; nous avons remarqué qu'il repose

sur une sorte de fiction, et qu'il nécessite l'évaluation
de l'usufruit. Pourrait-on remédier à ce double inconvénient? On le pourrait, en distinguant dans la
libéralité faite au donataire le plus favorable, la portion qu'il peut recevoir soit en propriété, soit en usufruit, pour la prélever réellement, à son profit exclusif;
on procéderait ensuite à la réduction proportionnelle
d'après le plus faible disponible redevenu réellement
commun. La somme de ce que lui laisserait cette réduction, jointe à ce qui a été prélevé à son profit, serait
exactement ce qu'il doit conserver de la libéralité.

Appliquons cette simplification au cas où l'époux
laisse trois enfants. Le disponible de l'étranger n'est
plus que du quart en pleine propriété, celui de l'époux
est d'un quart en propriété, plus d'un quart en usufruit;
on prélèvera sur la donation de l'époux le quart d'usufruit, qui doit lui rester en propre, il concourra ensuite
pour un quart avec l'étranger sur le disponible commun,
qui est d'un quart également. Il gardera ainsi un demi-
quart en propriété, il y joindra son quart en usufruit et
le demi-quart gardé par l'étranger, et la somme formera
le plus fort disponible. Ce système a l'avantage de rendre
inutiles les estimations d'usufruit en propriété et permet de supprimer toute fiction.

PROPOSITIONS.

I. DROIT ROMAIN.

172. *1. Querela inofficiosæ donationis donatori ipsi nunquam competere potest.*

2. Inofficiosæ donationes, in id quod immoderate gestum est, tantummodo revocantur, non vero in totùm, ut testamenta.

3. Justa causa exheredandi vel prætereundi in testamento exprimi debet; et si non expressa fuerit, injustum est testamentum et ideo nec querela competit.

4. Nulla alia exheredandi prætereundive causa, his quæ in Novellâ 115 *expressim recensentur adjici potest.*

II. DROIT CIVIL FRANÇAIS.

1. L'art. 1094 du Code Napoléon n'est applicable qu'au cas où le disponible qu'il établit est plus élevé que celui qui est fixé par l'art. 913 du Code Napoléon.

2. Les droits de mutation sur les créances douteuses d'une succession doivent être calculés d'après le capital nominal des créances, et non d'après la déclaration estimative des partis.

3. L'étranger, après avoir divorcé selon les lois de son pays, peut contracter mariage en France.

III. DROIT PUBLIC.

1. Quand les faits imputés à un ecclésiastique constituent à la fois un cas d'abus et une infraction, le pré-

venu peut être traduit devant la juridiction criminelle, avant que l'abus ait été déféré au conseil d'État.

2. Les évêques ne peuvent être contraints de témoigner sur les faits dont ils ont eu connaissance à l'occasion de la juridiction épiscopale.

IV. DROIT CRIMINEL.

1. La prescription du délit de désertion ne court pas contre le déserteur contumax, ni pendant la durée du service.

2. Dans une poursuite en bigamie, si le prévenu excipe d'une nullité relative du mariage, le tribunal doit passer outre, sans surseoir jusqu'au jugement de l'exception.

Vu et lu pour l'impression par le soussigné, président de l'acte public.

Strasbourg, le 16 mai 1855.

HEIMBURGER.

Vu par le soussigné doyen.

C. AUBRY.

Permis d'imprimer :

Le Recteur de l'Académie, DE RINN.

www.ingramcontent.com/pod-product-compliance
Ingram Content Group UK Ltd.
Pitfield, Milton Keynes, MK11 3LW, UK
UKHW021518090726
13657UKWH00001B/315